Petra Sparre

Glücksorte im Loiretal

Fahr hin & werd glücklich

Dieses

Glücksbuch

ist für

Liebe Glücksuchende,

bienvenue – willkommen auf Ihrer Reise ins Glück. Ab Orléans geht es am letzten wilden Fluss Europas entlang bis zum Mündungsgebiet in den Atlantik. In dieser naturbelassenen Wasserlandschaft ist das Glück leicht zu finden. Und oft sind Kunst und Kultur nicht weit. *Quel bonheur!*

Auch mit dem Rad und mit dem Zug sind charmante Studenten- und Königsstädte und viele künstlerisch neu interpretierte Schlösser gut erreichbar. Rosengärten zum Träumen, harmonische Buchsbaum-Geometrien, Zufluchtsorte für Biber und Zugvögel, uralte Bäume zum Bestaunen, Naschen im Gemüse- und Kräutergarten, Sonnenuntergänge auf traditionellen Holzsegelbooten, Glücksmomente auf Bunkerdächern, gelassenes Landleben. Am Ende der Tour Seeluft schnuppern, den Kescher ins Meer halten oder nachts Austern aus dem Automaten ziehen.

Lassen Sie sich überraschen, dann ist das Glück schnell an Ihrer Seite. Zumal das Tal der Loire als „Garten Frankreichs“ für Foodies und Genießer ein Schlemmerland ist. Die Vielfalt an Weinen und prickelnden Crémants macht ganz schwindelig. Und hat man einen Glücksort gefunden, liegt der nächste oft gleich nebenan.

Viel Glück also beim Entdecken, bei Ihren Erlebnissen und Begegnungen mit den wundervollen Menschen, die hier leben, arbeiten, das Glück in ihrer Heimat erfinderisch gestalten und gern mit Gästen teilen.

Ihre Petra Sparrer

GLÜCK

Deine Glücksorte ...

... noch mehr Glück für dich

Spieglein, Spieglein

1 Das Wasserschloss von Sully-sur-Loire

Sully bietet den Auftakt des 280 Kilometer langen Abschnitts im Tal der Loire, der seit dem Jahr 2000 UNESCO-Weltkulturerbe ist, als Kulturlandschaft im Zeichen der Renaissance. Er reicht von Sully bis nach Chalonnes westlich von Angers. Der standesgemäß riesige Schlosspark lädt zu langen Spaziergängen ein und ein Schild mit Wanderwegen zeichnet Sullys Umgebung als Wandergebiet aus. So gibt es beispielsweise einen knapp zweistündigen Weg zur Vogelbeobachtung. Das Schloss gehört heute dem Département Loiret. 19 Säle sind zu besichtigen, individuell und bei historischen Führungen.

Montags, wenn bis 13.30 Uhr Markt ist in Sully, verkaufen lokale Händler Köstliches zum Mitnehmen – Oliven, Terrinen, warme Speisen aus frischen Zutaten wie Paella, Ratatouille oder Quiche. Für ein Picknick sind die breiten Überschwemmungsauen der Loire ideal. Oben auf dem Damm, direkt neben dem Parkplatz, stehen Bänke. Bunt bepflanzte Blumenkästen und ein so elegantes wie kompaktes Schloss mit prallen runden Wehrtürmen spiegeln sich im Wasser, je strahlender desto blauer der Himmel darüber.

Glück mit dem Wetter gehört dazu, um in den Genuss dieses Postkartenblicks zu kommen, der Kindheitserinnerungen weckt: an jene Glücksmomente, in denen beide Hände im feuchten Sand die Sandbrücken um die gerade gebaute Burg in der Mitte aushöhlen, damit das Wasser im Burggraben auch schön fließt. Fast genauso sieht es hier aus. Meist stürzt die Brücke dann ein, was in Sully aber nicht im Schlossgraben passierte, sondern 1363 bei Sturm und Starkregen mit der über 400 Meter langen Steinbrücke über die Loire. Ihre Kalksteine dienten teils zum Ausbau der Burg, die dann auch die neue Brücke bewachte. Der extravagante Herzog Sully, Maximilien de Béthune, ließ sie sich ab 1606 zur eleganten Residenz ausbauen und den Damm gegen die Hochwasser der Loire anlegen. Von hier beindrucken die Spiegelungen im Wassergraben, in dem seither der umgeleitete, wesentlich harmlosere Fluss Sange fließt. Postkartenidylle!

● Château de Sully, Chemin de la Salle Verte, 45600 Sully-sur-Loire, Tel. +33 (2) 38 36 36 86, www.chateausully.fr

● ÖPNV: Haltestelle Porte de Sologne

Fürstlicher Blick

2 Im Bischofsgarten von Blois

Der Weg ist das Ziel? In der Oberstadt von Blois stimmt das, aber auch das Ziel weckt Glücksgefühle: der Bischofsgarten auf mehreren Terrassen mit einer fantastischen Aussicht über die Dächer und die Loire. Blois wurde erst im 17. Jahrhundert Bischofssitz. Es gehörte zuvor zur Diözese von Chartres. Als Ludwig XIV. es 1692 kurzerhand zum Bischofssitz erklärte, löste das sofort eine Art Wahn repräsentativen Bauens aus. Der erste Bischof Nicolas de Bertier ließ sich von dem Versailler Hofarchitekten Jacques V. Gabriel eine fürstliche Residenz hoch über der Loire errichten, heute das Rathaus. Auch den Ausbau der nahen Kirche Saint-Solenne zur Kathedrale regte er an. Für den Palast musste ein Teil der Stadtbefestigung weichen und mit dem Einzug des Bischofs 1704 entstanden die Terrassengärten, die im Laufe der Zeit immer schöner wurden.

Zwei weitere Männer aus der Bischofsriege trugen zum Glück ihrer Nachwelt bei: Thémines legte eine Kunstsammlung an und eine Bibliothek, die heute als Hochzeitssaal dient – manchmal klappert der Hufschlag von Kutschpferden vor dem Rathaus, direkt neben dem Eingang zu dem fotogenen Bischofsgarten. 1791 musste Thémines ins Exil. Sein Nachfolger, Abt Grégoire, machte den Bischofsgarten zur öffentlichen Promenade.

Seither ist er ein Sehnsuchtsziel. Zu Fuß geht es ab der Treppe Escalier Denis-Papin (Glücksort 72) an der Maison des Acrobates mit Schaustellerskulpturen am Fachwerk und der Kathedrale vorbei. Am Ziel: Bänke mit tollem Ausblick, Spielgeräte, Kastanienalleen, bepflanzte Terrassen zum Flanieren zwischen formgeschnittenen Rotbuchenhecken und Zierapfelbäumen. Bis heute ähnelt der Garten den Plänen von 1793. Auf den unteren Terrassen bietet er versteckte, erholsame Ecken mit Traumblick. Je nach Jahreszeit duftet es betörend aus dem Heilkräutergarten oder von den Blüten der Busch- und Kletterrosen. Der Rosengarten trägt das Label „Jardin remarquable" – eine Auszeichnung für besonders schöne Gärten. Echt himmlisch.

● Le Jardin de L'Échêvé, 3 Ter Rue du Haut Bourg, 41000 Blois

Spektakuläre Maschinen

3 Vor dem Rüssel des Elefanten in Nantes

Ein sonniger Sommertag. Kinder jauchzen auf der Loire-Insel von Nantes vor Glück. Durchdringendes Trompeten. Gespanntes Warten. Ein Maschinist führt die Rüsselbewegungen des 12 Meter hohen Elefanten aus. Er braucht nur einen Hebel zu bewegen. Jetzt: Wasser marsch! Vergnügtes Kreischen. Kinder sind verrückt nach dem Dickhäuter. Auch Erwachsene bringt die gigantische Maschine, eine Ikone der Stadt, zum Staunen. Sie bewundern die wohlproportionierten Schritte, den dosierten Wassergaben und die ausdrucksvollen Kulleraugen mit den langen Wimpern. Reiten kostet extra, dabeistehen, schauen und staunen ist umsonst.

Die Stadt hat dem Unternehmen La Machine in den 2000er-Jahren eine ehemalige Schiffswerftanlage auf der Île de Nantes zur Verfügung gestellt. Die erfindungsreichen Gründer des Kunstprojekts, François Delarozière und Pierre Orefice, einst Mitglieder der Straßentheatergruppe Royal de Luxe, ließen sich von Jules Verne und Leonardo da Vinci inspirieren. Lebensechte Maschinen wie den Drachen Long Ma haben sie bereits bis nach China verkauft. In der Galerie des Machines werden eine Riesenspinne, bunte Kolibris, Paradiesvögel, Koalas und viele weitere Erfindungen vorgeführt. Gegenüber bekommen Besucher hoch oben von einer Terrasse Einblick in die Werkstätten.

TIPP

Musik, Theater, Jongleure – kostenloses Kulturprogramm im Nef, unter dem Dach der früheren Werft.

Bevor der 50 Tonnen schwere Elefant losmarschiert, können 45 Leute in die Kabine auf seinem Rücken steigen. Seine große Runde über das Werftgelände führt am Caroussel des Mondes Marins vorbei. Das zweite Glücksprojekt der Compagnie ist ein quirliges Meeresaquarium auf drei Etagen (Glücksort 78). Auch hier heißt es: Träumen und vergessen, dass Nantes je eine graue Industriestadt mit stillgelegten Werften war. Und das ist längst gelungen. Junge Leute und Studenten der nahen Fakultät für Architektur treffen sich gern zu Yoga oder Gymnastik unter dem Werftdach. Bis der Elefant hier trompetend seine Runde abschließt und alle mit Freuden ausweichen müssen.

● Les Machines de l'Île, Parc des Chantiers, Boulevard Léon Bureau, 44200 Nantes
www.lesmachines-nantes.fr

● ÖPNV: Haltestelle Chantiers Navals oder Haltestelle Prairie au Duc

Wo d'Artagnan Milady traf

4 Die Place du Martroi in Meung-sur-Loire

Von der langen Loire-Brücke sieht man die Guinguette La Capitainerie unten am Fluss, doch erst geht es den Hügel hinauf zur alten Markthalle. Alle Gassen streben auf die Place du Martroi zu, mit dem Schloss und der Kirche Saint-Liphard, die romanische Ursprünge hat.

Meungs Schloss, einst Residenz der Erzbischöfe von Orléans, ist das zweitgrößte nach Chambord. Ab und zu stehen theatralische Vorführungen aus dem ersten Kapitel von „Die drei Musketiere" im Eventprogramm. Großes Kino! Der Eingang liegt am Platz, von dort sieht es gar nicht so groß aus. Eine Überraschung: Die Fassade nach hinten ist rosa. Von hier blickt man auf eine riesige Parklandschaft. Hier wurde früher gejagt. Um die 20 der 130 Räume sind zu besichtigen, berühmt ist dieses Schloss für seinen Kerker. François Villon saß hier 1461. In Meung kennt ihn jeder. Biografische Liebeslyrik und eine kriminelle Ader sind seine Markenzeichen. Villon hatte etwas aus einer Kirche gestohlen und der Bischof sperrte ihn ein. Im Kerker schrieb er seelenruhig an seinem Hauptwerk „Das große Testament" weiter.

Sonntags ist Markt, mittags füllen sich die Restaurants; die Händler haben etwas mehr Zeit und halten gern ein Schwätzchen. „Schon mal was von Alexandre Dumas gehört?", fragt einer der Verkäufer und holt sein Handy aus der Hosentasche. „Die drei Musketiere?" Er liest der Touristin den ersten Satz vor: „D'Artagnan reitet in Meung ein." „2024 ist das 180 Jahre her", erklärt er stolz. „Hier traf er seine Milady." Milady de Winter, Spionin für Kardinal Richelieu und Inbegriff der Femme fatale. Natürlich eine reine Fantasie.

Die Kundin möchte die Pithiviers auf seinem Stand fotografieren. Die runden Kuchen aus zwei Blätterteigscheiben gefüllt mit einer süßen Mandelcreme sind eine urfranzösische Spezialität, benannt nach ihrem Entstehungsort bei Orléans. Sie haben mindestens 300 Jahre Tradition. Da ist ein Picknick am Loire-Ufer eine gute Idee – Brot, Käse, Oliven, Pithiviers, einfach beglückend.

- Place du Martroi, 45130 Meung-sur-Loire
- ÖPNV: Bf. Meung-sur-Loire, von dort 10 Minuten zu Fuß

CONFITURES : 5,50 €
NOIX
GENTIANE
HUILE D'OLIVE VIERGE EXTRA GOUT INTENSE
HUILE D'OLIVE VIERGE EXTRA GOUT INTENSE
ABBAYE SEPT-FONS
CONFITURE EXTRA
Bohème
GELÉE EXTRA
Mûres
FABRICATION DES MOINES TRAPPISTES
Artisanat de l'étoile
Pithiviers fondant
Ingrédients.
Amandes, farine, œufs
vanille, sucre, pur beurre
Bethléem - Route de Poligny. 77140 Nemours. tel.: 01.64.28.13.75
Artisanat de l'étoile
Pithiviers fondant
Ingrédients.
Amandes, farine, œufs
vanille, sucre, pur beurre
Bethléem - Route de Poligny. 77140 Nemours. tel.: 01.64.28.13.75

Alle in einem Boot

5

Segeln auf der Loire vor Chaumont

Der Schriftsteller und Journalist Stendhal, der die Loire mit einem Dampfschiff von Riche bei Tours bis Nantes bereiste, schrieb am 23. Juni 1873 in seinen „Reiseerinnerungen": „Um halb 6 Uhr morgens setzte sich das Rad des Dampfers in Bewegung (...), was jedoch nicht lange währte. (...) Wir verbrachten 2,5 Stunden auf der Sandbank, umhüllt von unerträglicher Feuchtigkeit, denn innerhalb von 10 Minuten hatte dichter Nebel das Ufer unsichtbar gemacht."

Dampfschiffe fahren auf der Loire längst nicht mehr. Heutige Touristen erfreuen sich an Ausflügen auf Segelbooten aus Holz wie in noch früheren Zeiten. Mal ist der unberechenbare Strom spiegelglatt und windstill, an anderen Tagen kräuselt der Wind das Wasser zu Wellen wie auf dem Meer. Dann ist das Segeln gegen die Strömung besonders aufregend. Der gut ausgebildete Kapitän ist zugleich Naturführer, und nicht selten eine Frau. Und wer findet, zum ganzen Glück gehöre ein malerisches Dorf am Ufer, mitsamt einem großen Schloss auf einem Hügel, begibt sich an einem lauen Juniabend zum Beispiel nach Chaumont-sur-Loire. Sonnencreme mitnehmen – es wird eher heiß als feucht und die Fahrt ins Glück ist nach rund 2 Stunden schon wieder zu Ende. Leider!

TIPP
Lokale Küche am Fluss bietet das Restaurant Fou d'Loire: www.foud loire.fr.

Die Bootsführer des Vereins Millière Raboton haben lange Holzlatten, wissen also immer, wie tief der Grund ist, oder können sich von Sandbänken abstoßen. Sie gehen mit Gummistiefeln ans Ufer, um in der Vegetation oder an Weidenrinde nach einer „Riechprobe" Ausschau zu halten: vom moschusartigen Duftsekret Bibergeil (Castoreum) oder vom Bibergeilfett. Damit pflegen die Tiere ihr Fell und machen es wasserdicht. Höchst begehrt ist es für aphrodisierende Parfüms und duftende Kosmetika. Schon im 8. Jahrhundert kannte man seine heilende Wirkung, etwa gegen Gicht, Krämpfe oder Hysterie. Mit ganz großem Glück auf dem Fluss kommt dann vielleicht auch ein Biber am Boot vorbeigeschwommen.

● Association Millière Raboton, homme de Loire, 11 Rue de Bellevue, 41150 Chaumont-sur-Loire, Tel. +33 (6) 88 76 57 14
www.milliere-raboton.net

Wein und Musik

6 Im Haus von Francis Poulenc in Noizay

„Les Biches", eine Tanzsuite für das Ballettensemble Ballets Russes, machte Francis Poulenc mit 24 Jahren berühmt. Das Klavierspielen hatte er in Paris gelernt, bei seiner Mutter und dem katalanischen Pianisten Ricardo Viñes.
Als das mondäne Pariser Leben ihn vom Komponieren abhielt, kaufte er 1927 mit 28 Jahren sein Traumhaus an der Loire, am Rand des Dorfs Noizay, nicht weit von Amboise – mitten in den Weinfeldern des Anbaugebiets Vouvray. Seither stehen sein Pleyel-Flügel und das Klavier am Fenster am selben Platz. Sein Musikzimmer ist ein emotionales Erlebnis. Zu Klängen seiner Kompositionen schweift der Blick von der Schwarzen Madonna, die Poulenc aus Rocamadour mitbrachte, zu den Fotos mit Familienmitgliedern, Hunden und Prominenz. In diesem Raum komponierte er seine Opern – „Les mamelles de Tirésias" nach einem Drama des Surrealisten Guillaume Apollinaire und „Dialogues des Carmélites" im Auftrag der Mailänder Scala – sowie Lieder, Kammermusik, Sonaten, Konzerte für Orgel und Cembalo. Oft setzte er sich schon um 6 Uhr morgens ans Klavier. Nachmittags gesellte er sich dann zu seinen häufigen Gästen auf die Terrasse. Mit Colette, Picasso, Apollinaire, Paul Éluard und Jean Cocteau genoss er den Ausblick auf den selbst gepflanzten Garten und die Weinfelder.
Agnès Audebert, Asset Managerin in Paris, kaufte das Anwesen 2006 von Poulencs Neffen. Mit allem, was darin war, bis zu den von Poulenc handschriftlich kommentierten Partituren. Sie ist eine passionierte Poulenc-Expertin, Pferdehalterin und Winzerin. Mit ihr oder ihrer Tochter auf der Terrasse den Chenin des Hauses Le Grand Coteau zu verkosten, ist purer Genuss. Prickelnd oder ganz still, mit einer Quittennote und etwas mineralisch. Schon die Großmutter von Agnès Audebert ging manchmal zu Poulenc, hörte ihn spielen oder setzte sich zu seinen Gästen auf die Terrasse. Aber sie verriet es niemandem im Dorf. Mit Poulenc und seiner Pariser Bohème zu verkehren, galt dort als skandalös. Wie prickelnd!

● Le Grand Coteau, 269 Chemin Francis Poulenc, 37210 Noizay
www.legrandcoteau.com

Les Chemins de l'Amour
VALSE CHANTÉE PAR
FRANCIS POULENC
EDITIONS MAX ESCHIG
YVONNE PRINTEMPS
Leocadia
JEAN ANOUILH

Wiege der Renaissance

7 Orangenparadies Château Gaillard in Amboise

Schlossbesitzer Marc Lelandais, ein Manager aus der Luxus- und Textilindustrie, erfüllte sich hier einen Wohntraum. Als er das ehemalige Königsschloss Gaillard kaufte, war das hinter hoher Vegetation fast unsichtbare, heruntergekommene Anwesen fast in Vergessenheit geraten. Dabei liegt es neben Schloss Clos Lucé und ist die Wiege der italienischen Renaissance in Frankreich. Recherchebeauftragte schrieben über 400 Seiten zur Schlossgeschichte, die Restaurierung dauerte 5 Jahre.

Heute begeistern hier traumhafte Gärten, schattige, verträumte Wege durch einen fürstlichen Park und die erste Orangerie Frankreichs. Die „Arte Verde“, eine Art grünes Meer aus Geometrien, und die Zitronen- und Orangenbäume, die in Töpfen im Winter vor Kälte geschützt werden, sind dem neapolitanischen Mönch Dom Pacello da Mercogliano zu verdanken. Den Botaniker und Pionier der Symmetrien im Garten brachte der letzte Valois, Karl VIII., Ehemann von Anne de Bretagne, von seinem Italienfeldzug 1496 mit nach Amboise. Dom Pacello züchtete neue Pflanzenarten und gestaltete in Amboise für drei Könige das Paradies auf Erden: Statuen von Venus, Diana und Merkur auf den Hangterrassen, Nymphen, Satyrn, quadratische Beete wie in Klosterkräutergärten. Ein Jungbrunnen, auf den vier Alleen zustreben – Symbole für Wasser, Wein, Milch und Honig, die Flüsse des Paradieses. Stechpalmenhecken als Einfassung der Sichtachsen, Lorbeer, Thymian, Rosmarin und Lavendel, wie Stickereien um die Rabatten gelegt.

Über 60 Orangenarten und die Edelpflaume Reineclaude gehen auf den findigen Mönch zurück, der an den europäischen Höfen zum Star wurde. Die Pflaume benannte er nach Königin Claude, der Frau Franz I. Als Dankeschön dafür, dass er die Orangen in Frankreich akklimatisierte, bekam Dom Pacello das Schloss letztendlich geschenkt. Franz I. wollte dafür nichts als einen Strauß Orangenblüten pro Jahr. Der Duft von Orangen, einst Symbol königlicher Macht, betört Besucher hier bis heute.

● Château Gaillard, 29 Allée du Pont Moulin, 37400 Amboise
www.chateau-gaillard-amboise.fr

Kreativzentrum

8 Zeitgenössische Kunst im CCCOD in Tours

CCCOD – selbst abgekürzt klingt der Name wie ein moderner Zungenbrecher. Der minimalistisch funktionale Bau der Lissabonner Architektenbrüder Manuel und Francisco Aires Mateus sieht aus wie die quergelegte Turbinenhalle des berühmten Londoner Museums Tate Modern. In funktionalem Weiß mit hohen Fenstern, die neugierige Blicke von außen gewähren, steht er am Ende der Rue Nationale. Die repräsentative Achse mit Tramlinie und Boutiquen führt vom Bahnhof bis zur Brücke Pont Wilson. „Porte de Loire" heißt hier das neue Antlitz der Hauptstadt des Départements Indre-et-Loire. Und das Centre de Création Contemporaine Olivier Debré ist der so heimatbewusste wie weltoffene Kreativpool für zeitgenössische Kunst am modernisierten Ufer.

TIPP

Leuchtdioden illuminieren das Gebäude am Abend und es lohnt ein Blick ins Kulturprogramm.

Die Lissabonner Architekten gewannen die internationale Ausschreibung, das denkmalgeschützte Gebäude der früheren École des Beaux-Arts (Kunsthochschule) aus den 1950ern zu ergänzen. Der Empfangsbereich verbindet den alten Steinbau und den modernen Teil, einen Kubus mit weißen Sälen, der auf dem verglasten Erdgeschoss zu schweben scheint. Besucher haben daher das Glück, stets zwei Wechselausstellungen parallel sehen zu können. Immer wieder sind Werke des abstrakten Künstlers Olivier Debré dabei. Die Formate von 4 bis 9 Metern befördert ein Kran durch extra groß konzipierte Fenster.

Der weit gereiste und sehr produktive Architekt, Pariser Maler und Professor malte gern an der Loire. Ob Loire oder Seerosen – die nass aufgetragenen Farben fließen wie Lyrik, während pastosere Aufträge Reliefs nachbilden. Debré hatte ein Atelier auf dem Landsitz seiner Familie in Vernou-sur-Brenne bei Amboise. Seine Familie schenkte der Stadt Tours einen Teil seiner Gemälde und Grafiken, daher trägt das CCCOD seinen Namen. Zugleich lässt das Zentrum internationalen jungen Künstlern freie Hand, ihre Ausstellung vor Ort zu gestalten. Manchmal werden dann auch der Boden oder die Wände zu temporären Kunstwerken. Echt eindrucksvoll!

● Centre de Création Contemporaine Olivier Debré (CCCOD), Jardin François 1er, 37000 Tours, www.cccod.fr
● ÖPNV: Haltestelle Porte de Loire

Sommertraum am Fluss

9 Am Quai de la Loire in Orléans

Orléans, nur eine gute Stunde Zugfahrt von Paris entfernt, ist eine quirlige kleine Universitätsstadt mit hoher Lebensqualität. An warmen Sommertagen winkt das Glück am Nordufer der Loire unterhalb der Altstadt. Vom Bahnhof kommt man zu Fuß in 20 Minuten dorthin. Hier lässt es sich nach Herzenslust unter Pappeln spazieren gehen, radeln, am Ufer sitzen und entspannt auf die Sandbänke und das Wasser schauen. Am Ufer verankerte Holzboote, Plattformen und Stege schaukeln im Fluss. Nach der Uni, nach Feierabend oder am Wochenende scheint ganz Orléans hier zu flanieren. Schon ab 17 Uhr wird es Zeit für einen Aperitif. Samstags ist Markt, sonntagmorgens bauen manchmal Trödler ihre Stände auf.

Schattenplätze und Flussblick – der Jardin de la Charpenterie mit Gemüsegarten, Glyzinienpergola und Spielplatz ist ein verlockender Ort zwischen Altstadt und Fluss. Ein Aufzug führt neben dem Garten hinab zur Place de la Loire, an der das Kino Pathé schon fast am Ufer steht. Le Lift heißt auch das gastronomische Terrassenrestaurant, das Tropfen der unabhängigen Winzer kleiner Weingüter aus dem Vignoble d'Orléans im Weinregal hat.

Echte Glücksgefühle feierlustiger Geselligkeit kommen in den beliebten Guinguettes auf – Schenken mit Holzbänken und langen Tischen direkt am Wasser. Zu Drinks und Lieblingsspeisen redet hier jeder gern mit dem Tischnachbarn, erst recht im goldorangenen Sonnenuntergang. Ins Eventprogramm von Le Ponton zu schauen, ist in Orléans so etwas wie ein Glückshormone fördernder Reflex. Leuchtgirlanden, Konzerte, Filmprojektionen, eine Tanzfläche mit DJ-Sounds gehören von Juni bis September zum Sommer. Neben Elektro, Jazz und Jam veranstaltet Le Ponton an manchen Sonntagen Barbecues. Auch mitgebrachte Speisen dürfen Gäste dann auf den Grill legen.

An der Loire lässt es sich durchatmen, es gibt Raum zum Energietanken. Bei einer kleinen Radtour oder einem längeren Spaziergang an Schleuse und Kanal vorbei bis ins 5 Kilometer entfernte 500-Seelendorf Combleux vergisst man die Zeit.

TIPP

Alle 2 Jahre blähen sich im September beim Festival de la Loire die Segel der Holzboote.

● Quai de la Loire, 45000 Orléans

Embarcadère

Eine Liebesgeschichte

10 Gartenglück im Château de Villandry

Schloss Villandry gehört nach Chambord und Chenonceau zu den beliebtesten Schlössern an der Loire. Dank einer Liebesgeschichte: Der Urenkel des heutigen Besitzers Henri Carvallo, ein spanischer Arzt namens Joachim Carvallo, lernte in einem Pariser Labor die reiche Amerikanerin Ann Coleman aus einer Familiendynastie aus der Eisen- und Stahlindustrie kennen. Beide waren Wissenschaftler, verliebten sich, kehrten ihren Karrieren den Rücken und kauften 1906 Schloss Villandry. Damit begann die Restaurierung des im Laufe der Jahrhunderte veränderten Schlosses, das Jean Le Breton, Finanzminister von Franz I., bauen ließ.

Zum Glück waren Joachim und Ann begeisterte Kunstsammler und besonders Joachim ein Gartenfan. Ihm lag es am Herzen, die Gärten originalgetreu zu restaurieren. Auf seinen Spuren entdeckt man in der Schlossgalerie, die er schon 1908 für Besucher öffnete, wertvolle Gemälde spanischer Meister. Im orientalischen Salon ließ er eine historische Mudejar-Decke aus 3600 Holzelementen aus einem Palast aus Toledo aufbauen. Der Liebesgarten ist ausschließlich zur Betrachtung von oben angelegt, aus einem der Fenster oder von einer der Terrassen. Vier Quadrate mit Herzen, Labyrinthen und geometrischem Buchsbaumschnitt symbolisieren die zärtliche, die leidenschaftliche, die leichtherzige und die tragische Liebe. Dazwischen pflanzen die Schlossgärtner zweimal im Jahr per Hand flammend rote Begonien und andere Hingucker.

Bei einem Streifzug durch die fantasievolle Fülle der sechs Schlossgärten hört man Bienen in duftendem Lavendel summen, gelbe Blütenpflanzen stehen für Sonnenstrahlen, blau-weiße für den Himmel. Ab September entfaltet sich die ganze Pracht des Küchengartens, einer artenreichen künstlerischen Farbkomposition auf mehreren Terrassen. Besucher dürfen Trauben, Beeren und Blüten naschen und in der Erntezeit an der Mauer bereitgestelltes Gemüse mit nach Hause nehmen. Alles bio. Liebevoll und nachhaltig gedacht. Fast wie im Paradies!

● Château de Villandry, 3 Rue Principale, 37510 Villandry, www.chateauvillandry.fr

Prickelnd

11 Kunst und Crémant in der Sektkellerei Ackerman

Genießer können sich in der berühmten Sektkellerei Ackerman in Saumur verlieren wie in schönen Träumen. Rund 1500 Kilometer Tuffsteinhöhlen gibt es in der Umgebung; 7 Kilometer gehören Ackerman und einige der Säle und Galerien sind für Besucher geöffnet. Wie in Jules Vernes „Reise zum Mittelpunkt der Erde" taucht man hier in eine labyrinthische Welt voller Überraschungen ab.

Neben Spitzencuvées, die 12 bis 35 Monate lagern, um ihre feine Perlage zu entfalten, entstehen in den bis zu 18 Meter hohen Gängen seit 2015 alle 3 Jahre auch neue Kunstwerke und Installationen. In Kooperation mit dem Kunstmuseum der Abbaye de Fontevraud (Glücksort 44) lädt Ackerman zeitgenössische Künstler ein, die ihre Werke vor Ort realisieren. Natürliche Materialien, Lichteffekte, ein ungewöhnlicher Standort – sie entstehen, fast wie der Sekt.

Jean-Baptiste Ackerman, geboren in Belgien, eröffnete die erste Sektkellerei an der Loire 1811. Im selben Jahr zeigte sich ein Komet am Himmel, was den Jahrgang zum besten aller Zeiten aufwertete. Ackerman hatte die traditionelle Champagnermethode in der Champagne studiert und fand im Loiretal in der Nähe von Saumur ähnliche Böden und Rebsorten, mit guter Anbindung für den Export mit Schiffen und Zügen. Sein Sohn machte den Cuvée Royale zur Luxusmarke, die es bis an den Hof der britischen Königin Victoria schaffte, und die Krone zum Logo. Mittlerweile wird etwa auf dem deutschen Markt mehr Crémant de Loire verkauft als Champagner.

Im Direktverkauf in Saumur gibt es Weine aus allen Lagen der Region Centre-Val de Loire, von Muscadet bis Sancerre, aus Böden mit variierendem Anteil an Schiefer, Kalk und Lehm, darunter prickelnde Crémants – *brut* oder *semi brut* – mit um die 60 Prozent Chenin oder Chardonnay, ob für den Aperitif oder zu gehobener Gastronomie. Die Rebsorte Chenin etwa hat eine Geschmacksnote von Zitrusfrüchten und weißen Blüten. Beim Probieren vor Ort lernt man mehr und fühlt sich wunderbar leicht und beschwingt. Ein echt prickelndes Erlebnis!

TIPP

Zentral mit Innenhof und Cadre-Noir-Deko: das Hotel Saint Pierre in Saumur (www.saintpierresaumur.com).

● Caves Ackerman, 19 Rue Léopold Palustre, Saint-Hilaire Saint-Florent, 49400 Saumur, Tel. +33 (2) 41 53 03 21, www.ackerman.fr

ACKERMAN
SAUMUR
BRUT
ROYAL
Royal
ACKERMAN
MAISON FONDÉE EN 1811
2019
CRÉMANT DE LOIRE
ACKERMAN
ACKERMAN
XNOIR
ROSÉ
ACKERMAN
ACKERMAN
ROYAL ROUGE
Cuvée Jos Ackerman

Königlich

12 Die neapolitanische Terrasse von Château d'Amboise

Gewichtig erhebt es sich auf einem Felsvorsprung über der Loire: das Château d'Amboise. Es hat noch den trutzigen Charakter der einstigen Festung, die Karl VIII. in jungen Jahren zum Königsschloss ausbauen ließ. 75 Prozent des kolossalen Baus sind erhalten. Franz I. setzte die zweite Etage darauf und erfüllte Leonardo da Vinci den Wunsch der letzten Ruhe in der Hubertuskapelle.

Allein mit seiner imposanten Erscheinung sorgt das Schloss in Amboise für Glücksmomente. Etwa wenn man in der Dämmerung am Loire-Ufer vor der Stadt im Gras liegt oder auf der Brücke spazieren geht, präsentiert es sich als Blickfang in wechselnden Farben. Einfach schön! Von der Stadtseite beschert die Kulisse der hohen Schlossmauer den Restaurant-Terrassen einen wärmenden Windschutz. Durch zwei Türme führen Reiterrampen spiralförmig wie Wendeltreppen ohne Stufen hinauf. So kam man früher mit Reit- und Kutschpferden zum Schloss. Der Turm Richtung Platz ist der heutige Ausgang. Hier geriet schon der Schriftsteller Flaubert bei seinem Schlossbesuch 1847 ins Schmunzeln. Er schrieb, ein Großteil der grotesken steinernen Figuren sei schon entfernt worden, um Frauen den obszönen Anblick zu ersparen. Aber nicht alle! 3-D-Modelle erschließen die Schlossarchitektur und HistoPads (interaktive Tablet-Guides) holen die Geschichte anschaulich in die Gegenwart zurück.

Ein echter Glücksort sind die Bänke auf der neapolitanischen Terrasse am oberen Ende des Gartens. Über Buchsbaum reicht der Blick zum Schloss und über die Loire und beflügelt das aufkommende Glücksgefühl. Im Garten ließ Karl VIII. den Gartenmönch aus Neapel walten: Dom Pacello (Glücksort 7). Hier lässt es sich königlich flanieren: Brunnengeplätscher, Vogelgezwitscher, dann ein alter Park mit Steineichen, Zypressen, Sternjasmin, Rebstöcken. Neapel und die Toskana, die selbst französische Kriegerherzen für sich gewannen, lassen grüßen. Und durch die Bögen der Galerie noch einmal den Blick über die Loire schweifen lassen … Ein majestätisches Gefühl!

● Château d'Amboise, Montée de l'Emir Abd El Kader, 37400 Amboise, Tel. +33 (2) 47 57 00 98, www.chateau-amboise.com

● ÖPNV: Haltestelle Office de Tourisme

Grünes Inselglück

13 Ausflug zur Île Saint-Aubin bei Angers

Vor den Toren von Angers lockt statt einer Autofahrt eine kurze Landpartie mit dem Rad über den Bahntrassenweg Voie Verte ab Pont de Segré oder den Radwanderweg Vélo Francette. Das Ziel ist die Île Saint-Aubin zwischen den Flüssen Mayenne und Sarthe. Wenn gerade ein Hausboot vor dem Parkplatz vorbeigleitet, heißt es warten, bis die kleine Fähre anlegen kann. Oft helfen die Passagiere den Fährleuten beim Ziehen am Drahtseil. Die Überfahrt dauert nur wenige Minuten. Hunde und Fahrräder dürfen mit.

In der Flusstaverne am anderen Ufer, der Guinguette du Port de l'Île, finden alle ihr Glück: Ruhe und Entspannung im Schatten großer Platanen. Auf der Terrasse am Wasser ist die Stimmung gut, wenn die Sonne lacht. Burger, große Salate und herzhafte lokaltypische Snacks, an manchen Wochenenden wird auch gegrillt. Man kennt sich, verabredet sich mit Freunden.

Da große Teile der Insel im Winter überschwemmt sind, freuen sich die Ausflügler, sobald der Frühling kommt, umso mehr auf diese abgeschiedenen 600 Hektar Natur, durchzogen von pittoresken Wegen. Es gibt romantische Verstecke im Grünen für ein lauschiges Picknick zu zweit. Aber: Keine Spuren zurücklassen und auf den Wegen bleiben, um Fauna und Flora nicht zu stören. Die Feuchtgebiete der Insel mildern Überschwemmungen, füllen den lokalen Grundwasserspiegel, sind Wasserreservoirs in Hitzeperioden und speichern Kohlendioxid. Dank Naturschutz scheint die Welt hier noch in Ordnung und bietet geschützten Arten wie dem Wachtelkönig Zuflucht. Die Insel gehört zu dem großen Überschwemmungsgebiet der Basses Vallées Angevines (Natura 2000), in dem Zugvögel rasten.

Unter der Woche haben Besucher die Insel fast für sich allein. Frischer Grasduft, muhende Rinder – Landwirtschaft. Die Feuchtgebiete jedoch bleiben unberührt, sie weisen eine hohe Biodiversität auf und bieten Vögeln eine Heimat. Schwirrende Libellen – Sommerglücksgefühle. Tief durchatmen, entspannen, genießen.

TIPP

Terra Botanica, ein Pflanzenpark mit Aussicht vom stationären Fesselballon: www.terrabotanica.fr.

● Île Saint-Aubin, 49000 Angers

Blumenträume

14 Beim Schlossfloristen in Chenonceaux

Jean-François Boucher hat seinen Traumjob gefunden. Morgens sieht er auf dem Weg zur Arbeit manchmal Rehe. Lange bevor Schloss Chenonceau für Besucher öffnet, beginnt sein Tag im Floristenatelier des Gutshofs, den Katharina de Medici im 16. Jahrhundert neben ihren Pferdeställen anlegen ließ. Hier bindet er seine Schürze mit den Trägern in den französischen Nationalfarben um und fühlt sich wie ein Olympiamedaillenträger. Im Jahr 2000 gewann der Florist bei einem Wettbewerb des Arbeitsministeriums den Ehrentitel „Meilleur Ouvrier de France" (Bester Handwerker Frankreichs), 2005 folgte der Karrieresprung. Der Blumenzüchtersohn aus der Touraine, der 20 Jahre lang den Betrieb der Eltern führte, wurde leitender Florist und Szenograf für die Blumenstraußdeko der 19 Säle von Schloss Chenonceau.

TIPP

Bei einer Masterclass kann man nach Anleitung selbst Blumen schneiden und binden.

„Wir kaufen auch ein, aber das meiste ernten wir im eigenen *potager des fleurs*, unserem Blumen- und Gemüsegarten." Dieser Nutzgarten, Garant kurzer Wege und Kreativpool der drei Floristen im Schloss, ist weniger bekannt als die geometrisch formalen Gärten mit Sichtachsen, die Diane de Poitiers und Katharina von Medici anlegen ließen (Glücksort 54). „Hyazinthen und Amaryllis züchten wir in den Gewächshäusern, später im Jahr folgen Tulpen, Amarant, Löwenmäulchen, Dahlien – für Besucher ist der Garten im Juli am schönsten", sagt Jean-François. Das Schloss kennt er in- und auswendig, seine Kompositionen spiegeln oft die Farbtöne der wertvollen flämischen Wandteppiche wider. Zweige und Blätter aus dem Wald finden Verwendung, oder auch Knoblauch. „Artischocken nehmen wir gern für das Zimmer der Katharina von Medici, die sie für ihr Leben gern aß", zitiert er die historische Überlieferung. Seine Arrangements setzen Glanzlichter in der imposanten Kunstsammlung. Im Schloss hängen Gemälde europäischer Meister wie Rubens, Tintoretto, Van Loo, Murillo, Andrea del Sarto, Veronese, Poussin, Van Dyck und Zurbarán. Dank der Blumensträuße wirken sie noch inspirierender. Einfach beglückend!

- Château de Chenonceau, 37150 Chenonceaux, Tel. +33 (8) 20 20 90 90 www.chenonceau.com
- ÖPNV: Bf. Chenonceaux, von dort 15 Minuten zu Fuß

Beim Dichterfürsten

15

Im Priorat Saint-Cosme bei Tours

„Mignonne, allons voir si la rose“ – diese erste Zeile kennt im Tal der Loire jeder. „Liebste, komm lass uns nach der Rose schauen“ – gewidmet Cassandra, einer der drei Musen des Dichterfürsten Pierre de Ronsard, eine Einladung, die Schönheit der Jugend zu genießen, und zwar sofort. An den Bäumen schaukeln Hängesessel und auch auf Liegen können Besucher Blumenduft schnuppern und durch die rekonstruierten mittelalterlichen Gärten zum romanischen Chor und den Resten des Kreuzgangs schauen. Ruinenromantik im Priorat Saint-Cosme. Bei Sommer, Sonne, Sonnenschein folgt in dieser romantischen Kulisse schnell der Zustand hochzufriedener Kontemplation.

Schon im 12. Jahrhundert gestaltete die kleine Mönchsgemeinschaft ihr Paradies auf Erden. Benannt nach dem Märtyrer Kosmas, der Kranke wundersam kostenlos heilte, lag es am Jakobsweg. Vor den Toren von Tours in idyllischer Lage auf einer Loire-Insel in Riche fand Frankreichs berühmtester Lyriker des 16. Jahrhunderts Inspiration: beim Beten, bei der Gartenarbeit und beim Schreiben. Sein Wohnhaus steht noch, sein Arbeitszimmer ist zu besichtigen, in den Gärten gibt es heute wieder 350 Pflanzenarten.

Saint-Cosme war von 1565 bis 1585 eins der acht Priorate, die Pierre de Ronsard leitete. Hier überarbeitete er seine Manuskripte, schrieb seine „Odes“, seine „Amours“ und Sonette, die am Hof gedruckt wurden. Katharina von Medici und ihr Sohn Karl IX. besuchten ihn. Die Heldin seiner Liebeslyrik war die Adelige Cassandre Salviati de Talcy, der er in Blois begegnet war und die er zu seiner Muse machte. Mode der Zeit und Sublimation eines Mannes, der vielleicht Kleriker werden musste, weil die Syphilis ihn so gut wie taub gemacht hatte? Der Lust an kultivierter Sprache hatte und auch über Moral und Politik schrieb! Mit etwas Glück kann man eine Lesung miterleben. Die kalligrafischen Fenstermalereien des chinesischen Künstlers Zao Wou-Ki verleihen dem historischen Gemäuer des Refektoriums Farbe und Vielschichtigkeit. Eine wundervolle historische Kulisse!

- Prieuré Saint-Cosme, Rue Ronsard, 37520 La Riche, www.prieure-ronsard.fr
- ÖPNV: Haltestelle La Pléiade

Kosmische Vibes

16 Digitale Kunst im Schloss von Beaugency

Zwischen Blois und Orléans kann man unterhalb der breiten Promenade auf einer Steinmauer sitzen und die Füße im Wasser baumeln lassen, mit Blick auf die Loire-Brücke. Im Hundertjährigen Krieg war sie die einzige weit und breit. Beaugencys strategische Bedeutung hinterließ auf dem Hügel eine beschauliche historische Kulisse: den Turm der Kirche Saint-Firmin und drei hohe Wohnwehrtürme (Donjons). Sie waren Teil der Befestigungsanlage, von der die Brücke überwacht wurde. Nachdem die Engländer Beaugency viermal belagert hatten, kam 1429 Jeanne d'Arc als Befreierin zu Hilfe. Graf Jean Dunois, ihr Weggefährte und Bastard von Orléans, übernahm die Herrschaft und ließ die Burg ab 1442 zum Schloss ausbauen und den dreigeschossigen Flügel mit der Treppe errichten. Es gehörte Philipp dem Schönen, diente lange Zeit als regionales Heimatmuseum, stand 10 Jahre leer.

Heute lädt das Schlosscafé im Hof bei sphärischen Elektroklängen zum Verweilen ein. Hier hat sich etwas getan! Das Schloss hat seit 2020 neue Besitzer: den Künstler Jérémie Bellot und die Architektin Anne-Sophie Acomat. Sie zeigen Wechselausstellungen digitaler Kunst. Ausstellungskurator Jérémie Bellot setzt Arbeiten von Gastkünstlern und auch eigene Werke in Szene, die in Kooperation mit seinem Studio AV Extended und dem Komponisten Ena Eno entstehen. Lichtinstallationen bringen zeitgenössisches Lebensgefühl in die 16 Säle. Kosmisch, psychedelisch und mit Spiegeleffekten erweitern Videoprojektionen und Lichteffekte die räumliche Wahrnehmung. Hier sind Kunst, Wissenschaft und Kulturerbe auf eine glückliche Weise vereint, die einer Halluzination gleicht. In den historischen Sälen können Besucher geradezu vom Techno-Club in die aufmunternde Lichtsauna wandeln. Das farbenfrohe Kunsterlebnis setzt Glückshormone frei. Besonders das blaue Lichtspektrum wirkt sich nachweislich positiv auf unsere Gefühle aus. Und Licht und Farben versetzen uns an diesem Ort besonders ins Staunen. Der Rest ist Geschmackssache.

- Château de Beaugency, Centre d'Art numérique, 2 Place Dunois, 45190 Beaugency www.chateau-beaugency.com
- ÖPNV: Bf. Beaugency, von dort 10 Minuten zu Fuß

Radeln und Baden

17 Der Parc de Loire am Radweg La Loire à Vélo

Das Baden in der Loire ist verboten. Strömungen und wandernde Sandbänke sind zu gefährlich, es drohen hohe Geldstrafen. Doch Orléans hat trotzdem einen Badestrand an einem See auf der Île Charlemagne, einer Insel in der Loire. Der Strand mit feinem weißem Sand und die vielen Möglichkeiten auf der Base de Loisir lassen vor Glück Luftsprünge machen: Beachvolley, Tischtennis, Boule, Segelkurse, Kanu und Kajak, Baumkletterpfad, Triathlon-Center und vieles mehr.
Die Freizeitbasis gehört zum Parc de Loire, Orléans grüner Lunge auf 7 Kilometern mit 360 Hektar. Hier kann man im Einklang mit der Natur joggen, radeln, flanieren, picknicken oder nach Herzenslust träumen und den Vögeln und Fröschen lauschen. Oder den Sonnenuntergang in der Guinguette Îlot 4 auf der Insel erleben. Sie liegt an dem insgesamt 900 Kilometer langen Radwanderweg La Loire à Vélo, der den Parc de Loire durchquert. Also einfach mal kraftvoll in die Pedale treten oder ein E-Bike leihen. Wer in Orléans über die Brücke George V. nach Saint-Jean-le-Blanc und links am Ufer entlang auf die Île Charlemagne fährt, kommt schnell auf den Geschmack des Radelns.
Weißes Fahrradlogo auf grünem Hintergrund mit Richtungspfeil – zwischen Orléans und Blois entfernt sich der gut beschilderte Weg auf 65 Kilometern vom Flussufer und führt am riesigen Schloss Chambord (Glücksort 51) vorbei. Hinter Blois geht es weiter nach Chenonceaux am Cher (Glücksort 54). In den Sonderzügen „Train Loire à Vélo" darf das Rad kostenlos mit.
Die Mündung des Loiret in die Loire an der Pointe de Courpain oder Cléry-Saint-André mit seiner spätmittelalterlichen Basilika und Weinkulturen in der Umgebung sind Ziele für eine Tagestour ab Orléans. Für die Qualität der Anbieter im Radtourismus, ob Radverleiher, Unterkünfte oder Ausflugsziele, bürgt das Logo der französischen Marke „Accueil Vélo". Ob das Ziel nah ist oder in der Ferne liegt – Orléans Parc de Loire ist ein perfekter Einstieg für das Glück auf zwei Rädern.

TIPP

Im Hotel Marguerite können Radtouristen Räder über Nacht unterstellen (www.hotel-marguerite.fr).

● Île Charlemagne, Parc de Loire, 45650 Saint-Jean-le-Blanc
● Fahrradverleih: Détours de Loire, 58 Rue de la Charpenterie, 45000 Orléans, Tel. +33 (2) 38 77 12 52, www.detoursdeloire.com

KLICKfix
SIGMA
BC 5.16

Ein Hochwald aus Stein

18 Die Benediktinerabtei von Saint-Benoît-sur-Loire

Saint-Benoît, wo ab dem ab dem 7. Jahrhundert eine der ersten Benediktinerabteien des Landes entstand, hieß früher Fleury. Das Pilgerziel mit Reliquien des heiligen Benedikt bekam den neuen Namen Saint-Benoît und strahlte mit seiner Klosterschule, der klösterlichen Schreibstube (Skriptorium) und einer hervorragend sortierten Bibliothek im Mittelalter sowie als unangetastete Ruhestätte des Königs Philipp I. weit über das Département Loiret hinaus.

Die romanische Klosterkirche, UNESCO-Welterbe mit über 1400 Jahren Geschichte, steht in einem beschaulichen Loire-Dorf, das mit dem Label „Petite Cité de Caractère du Loiret" ausgezeichnet ist. Das „Charakterdorf" hat immerhin um die 2000 Einwohner und im Kloster leben seit den 1950er-Jahren wieder Mönche. Mit etwas Glück kommt man mittags um 12 Uhr zur rechten Zeit, um ihre gregorianischen Gesänge zu hören, ansonsten läuft in der Kirche ab und zu stimmungsvolle Musik vom Band. Die Abtei nimmt auch Übernachtungsgäste auf. Wer eine Weile schweigend, lesend und betend mit den Mönchen leben möchte, ist willkommen.

Der Kunsthistoriker Henri Focillon (1881–1943) begeisterte sich für die Architektur und bezeichnete die imposanten Säulen und Pfeiler in der Klosterkirche als „Hochwald aus Stein". Abt Gauzlin ließ 1020 den Portalturm mit zwei Stockwerken erbauen, er wollte „ein Beispiel für ganz Gallien" schaffen. Immer schön nach oben schauen, um die Rundbögen und Kreuzgratgewölbe zu bewundern, elegant über Marmor schreiten. Architekturliebhaber erleben ihre Glücksmomente beim Betrachten der Kapitelle im Eingangsbau (Portalturm) und im Chor – fantastische Figuren und Tiergestalten, Bibelszenen aus dem Alten und Neuen Testament in einem aus Stein gemeißelten Bilderbuch aus dem 11. Jahrhundert. Für heutige Betrachter wirken sie teilweise noch immer bedrohlich, teilweise aber auch bezaubernd naiv. Sie lassen erahnen, was die Menschen des Mittelalters emotional bewegte – ein tolles Gefühl!

● Abbaye de Fleury, 1 Avenue de l'Abbaye, 45730 Saint-Benoît-sur-Loire
www.abbaye-fleury.com

Vor Glück verzaubert

19 Im Maison de la Magie Robert-Houdin in Blois

Am 7. Dezember 1805 kam Jean-Eugène Robert-Houdin, der Vater der modernen Zauberei, zur Welt, im Uhrmachergeschäft seines Vaters. Gegenüber vom Königsschloss steht eine Statue des Autodidakten und Erfinders kurioser Automaten, der es 1845 in Paris im eigenen Theater zu Weltruhm brachte. 15 Jahre vor Edison erfand er die erste Lampe. Hinter seiner Statue schnellen alle halbe Stunde Drachenköpfe aus sechs Fenstern hervor. Das Stadtpalais aus dem 19. Jahrhundert ist das Haus der Magie. Der Eingang liegt auf der anderen Seite. Beglücktes Erstaunen: 2000 Quadratmeter Ausstellungsfläche auf mehreren Etagen, Live-Spektakel à la zersägte Frau und Paillettenkleidchen, das glanzvollste und längste dauert 30 Minuten in einem großen Saal unter dem Schlossplatz – alles im Eintritt inbegriffen.

Das Haus der Magie ist das einzige französische Zaubereimuseum mit Live-Bühnenshows. Arnaud Dalaine, Direktor seit 2021 und selbst Zauberer, entwickelt die Shows selbst. Sein Lieblingsort ist der *grenier magique,* der „Zauberspeicher". „Hier weht der Geist unseres Hauses, unsere Zauberer bringen dem Publikum einfache Tricks bei, wir legen viel Wert auf Austausch. Die großen Geheimnisse verraten wir natürlich nicht." Im Salles des Grandes Illusions können Besucher sich „den Kopf absägen lassen" und sich von anderen mit glücklichem Gesicht auf dem Tisch für Instagram knipsen lassen. Sarkophage ägyptischer Mumien zählen zu den ausgestellten Trickapparaturen, die Menschen verschwinden lassen. In der Rotunde mit Statuen chinesischer Magier resümiert eine Lichtshow in 6 Minuten die Geschichte der Zauberei.

Ein Saal ist dem Ungarn Harry Houdini alias Ehrich Weisz gewidmet, dessen Künstlername von Harry Kellar und Robert-Houdin inspiriert ist. Eine Legende, denn er ließ 1918 einen Elefanten von der Bühne verschwinden. Was der große Carter ihm in den USA gern nachgemacht hätte, wie eines der faszinierenden Werbeplakate zeigt, auf denen auch der Teufel seine Rolle spielt …

- Maison de la Magie Robert-Houdin, 1 Place du Château, 41000 Blois
  www.maisondelamagie.fr
- ÖPNV: Bf. Blois-Chambord, von dort 8 Minuten zu Fuß

Heiliger Martin

20 Streifzüge in der Bischofsstadt Tours

Der nie offiziell heiliggesprochene Martin teilte vor der Kirche von Amiens seinen Mantel mit einem Bettler, der ihm später im Traum als Jesus Christus erschien. Bei den Bürgern von Tours war er so beliebt, dass sie ihn gleich zweimal entführten. Mit dem Vorwand, er solle einen Kranken heilen, holten sie den barmherzigen Mann aus seiner Einsiedelei bei Poitiers. Sobald er die Menschenmenge bemerkte, die ihn in Tours als ihren dritten Bischof begrüßen wollte, floh er und versteckte sich in einem Stall, doch das laute Schnattern verriet ihn. Die Martinsgans wurde zum Festschmaus und *martiner* ist bis heute eines der französischen Worte für Schlemmen. Als Martin 387 in Saint-Martin-de-Candes (Glücksort 55) starb, wurde er erneut nach Tours entführt und dort am 11. November beigesetzt. Als Pilgerstätte klingelten in der Stadt bald die Kassen.

Am einstigen Pilgertor (Passage du Pèlerin) vor der Tour Charlemagne sorgen alle 2 Monate neue, oft kunstvolle Murals (Wandmalereien) für Farbe und Inspiration, eine Initiative der Street-Art-Vereinigung Le M.U.R. Manch ein Passant bleibt vor diesem Blickfang staunend stehen, doch kaum jemand weiß: Die beiden Türme Tour Charlemagne und Tour de l'Horloge sind die Überreste der ursprünglichen Martinsbasilika. Ihr heutiger Neubau, ein Stück weiter, stammt aus dem 19. Jahrhundert.

Sitz des Erzbistums von Tours ist heute die Kathedrale Saint-Gatien im Osten. Sie ist Gatianus geweiht, Tours erstem Bischof. Von den Bänken am Vorplatz beeindruckt die von Steinmetzen kunstvoll verzierte, spätgotische Westfassade mit den beiden 70 Meter hohen Türmen. Welch Meisterwerk des Flamboyantstils! An Sommerabenden spielen manchmal Straßenmusiker und zu Flamencogitarre schimmert dann alles im goldenen Licht in der untergehenden Sonne. Augen auf beim Weiterflanieren: Klerus und Königtum zogen Künstler und Kunsthandwerker nach Tours, die auch die Fassaden vieler Bürgerhäuser zu Augenweiden machten.

TIPP

Tours Musée du Compagnonnage gehört zu den schönsten Handwerksmuseen des Landes (www.museecompagnonnage.fr).

- Basilique Saint-Martin, 7 Rue Baleschoux, 37000 Tours
- Cathédrale Saint-Gatien, Place de la Cathédrale, 37000 Tours
- ÖPNV: Bf. Tours, von dort 15 bis 20 Minuten zu Fuß zu beiden Kirchen

25
IV
LICENCE
25-27
29
Besoin
d'aide

Viel Familieninitiative

21 Mäuschen spielen im Château de l'Islette

Ein Schloss für das Familienglück oder das Glück zu zweit! Auf einer Picknickdecke mit einem gut gefüllten Picknickkorb auf den Wiesen am Indre entspannen. Das Schloss sieht aus wie ein Zwilling des nahen Schlosses Azay-le-Rideau. Sein Spiegelbild lässt sich aus dem Holzruderboot bewundern. Zutaten für ein Picknick bekommt man auch in der alten Mühle mit Terrasse am Fluss.

Blumenwiesen, das Rauschen der Blätter in der schattigen Platanenallee und der Duft nach Gras sind Teil der Kindheitserinnerungen von Louise und Pierre Michaud. Die beiden – zwei von vier Geschwistern – gaben 2023 ihre Jobs in Paris auf und zogen ins nahe Tours, um sich ihrem Familiensitz und seiner Zukunft widmen. Jedes Zimmer des Château de l'Islette wird bewohnt und in der Saison ziehen ihre Eltern in ihr Landhaus um und öffnen ihr kulturelles Erbe für Besucher. Historisches Mobiliar und Flair, vier Kinderzimmer, moderne Bäder, Familienfotos, selbst ein Blick in den Kühlschrank ist in der Küche erlaubt, alles zusammen macht den Charme des Schlossbesuchs aus.

TIPP
Das Arbeitszimmer von Balzac ist im Schloss Saché erhalten: www.musee-balzac.fr.

Auf den Tischen stehen drei Originalskulpturen von Rodin und Camille Claudel. Das berühmte Liebespaar verbrachte ab 1890 drei glückliche Sommer in dem damaligen Château d'hôtes. Der Salon – ihr Atelier – war wahrscheinlich damals leer. Unter seiner bemalten Kassettendecke aus dem 17. Jahrhundert entstanden beispielsweise Rodins Balzac-Statue und Camilles La Petite Châtelaine – vier Bronzen der sechsjährigen Tochter des Schlossbesitzers von einst.

„Unsere Großmutter ließ das Schloss über 20 Jahre ihres Lebens restaurieren", erzählt Louise. Ihre Großeltern wohnten die ersten Jahre in der Mühle und glaubten an ihr Glück, es eines Tages bewohnen zu können. Pierre und Louise haben ebenfalls einen Traum: die Restaurierung des Dachgeschosses mit einem Holzdachstuhl. Einst ein Glücksort für Camille Claudel und Rodin, die ihre Initialen hinterließen.

● Château de l'Islette, 9 Route de Langeais, 37190 Azay-le-Rideau
www.chateaudelislette.fr

Frische Eleganz

22 Minzlikör Menthe-Pastille bei Giffard in Angers

Die schönsten Flussufer, ein sanftes Klima sowie ein leichtes Lebensgefühl haben das geflügelte Wort von der *douceur angevine* geprägt. Die lockere Lebensart mit einem Hauch französischer Eleganz ist auch in Angers zu spüren. Hier verkörpern sie so inspirierende Spirituosen wie der Orangenlikör Cointreau und der weiße Minzlikör Menthe-Pastille, beides Marken aus der Shopping- und Studentenstadt mit historischem Kern um das Schloss. Von mittags bis Mitternacht ist Menthe-Pastille in den Bars und Restaurants präsent. Belebend frisch und verdauungsfördernd als frischer Sommer-Longdrink mit stillem Wasser, in raffinierten Cocktails mit Schaumwein und Zitrone oder pur auf Eis zum Digestif. Und dazu mit dem Retro-Charme des Jahres 1885 auf den Flaschen des Vorzeigeprodukts des lokalen Familienbetriebs Giffard, der die Minze von Feldern der Umgebung bezieht.

In seiner Apotheke an der Place du Ralliement, dort wo heute das große Kaufhaus Galeries Lafayette steht, experimentierte der Apotheker Émile Giffard mit Heilkräutern und Alkohol. Als die Mitarbeiter des Grandhotels nebenan ihn nach einer Erfrischung für ihre Gäste fragten, ließ er sie seine neue Likör-Kreation aus der Minzart Mitcham probieren. Sie schmeckte ein bisschen nach den Minzbonbons, die damals Pastilles Vichy hießen. Ein Glücksfall! Sie kamen gut an, 1885 ward der Menthe-Pastille geboren. „Ich wechsele den Beruf", schrieb Giffard euphorisch und verwandelte seine Apotheke in ein lukrativeres Unternehmen: eine Brennerei.

Seine Nachfahren nutzen seine geheime Rezeptur bis heute, inzwischen vor den Toren von Angers in Avrillé. „Unsere Minze wächst in Chémillé." Marketingbeauftragte Marion Dallet macht auch Führungen. „Nach der Ernte werden die frischen Blätter destilliert und ihr Dampf in ätherische Öle verwandelt, die Basis des Getränks." Besucher entdecken die Firmenhistorie, alte Werbetafeln und leckere Likör- und Sirupkreationen, darunter auch den lokalen Guignolet – Kirschlikör. Unbedingt mal probieren!

TIPP

Auch bei Cointreau in Saint-Barthélemy-d'Anjou vorbeischauen: www.cointreau.com.

● Giffard, Chemin du Bocage, ZA La Violette, 49240 Avrillé, Tel. +33 (2) 41 18 85 14
www.giffard.com/de/menthe-pastille

MENTHE-PASTILLE
MENTHE-PASTILLE
MENTHE-PASTILLE
1885
MENTHE-PASTILLE
DEPUIS
1885

Lachen geht durch den Magen

23

Genusskultur im Musée Rabelais

In den Weinbergen von Chinon am linken Ufer der Vienne steht La Devinière, ein Landhaus mit Taubenturm auf sanft geneigtem Terrain. Hier wurde um 1483 François Rabelais geboren. Heute hat es das Label „Maison des Illustres" für kleine Museen, die an eine Persönlichkeit aus Politik, Kultur und Gesellschaft erinnern.

Und das war der Humanist nach dem Vorbild von Erasmus von Rotterdam und Zeitgenosse von Martin Luther und Jean Calvin allemal. Der Arzt, Dozent und katholische Ordensbruder schuf mit dem mehrbändigen „Pantagruel und Gargantua" eines der bedeutendsten Prosawerke der französischen Renaissance. Wie „Don Quijote" für Spanien wurde der anfängliche Ritterroman zum Botschafter französischer Kultur – mit groteskem Humor und exzentrischen Wortschöpfungen.

TIPP

Chinon-Weine im Weinkeller Les Caves Painctes: www.entonneurs-rabelaisiens.com.

Der „pantagruelische Appetit" und der „gargantueske Schmaus" beschreiben Frankreich als Land der Genüsse in Hülle und Fülle. Noch bevor es das Wort „gastronomisch" gab, bezeichnete Rabelais die Liebhaber alles Guten, das durch den Magen geht, als *gastrolâtres*. Von Mutter Garganelle durch den Gehörgang geboren, soll der Riese Pantagruel sofort gebrüllt haben – *à boire, à boire, à boire* („zu trinken"). Sein Durst steht für Wissensdurst und die Weinflasche für das Buch. Wie sein Vater Gargantua ist er kein Kostverächter.

„Rabelais, Mediziner und Pfarrer, fühlt den Puls der Päpste, nickt mit dem Kopf und bekommt einen Lachanfall", schrieb Victor Hugo über Rabelais, der Satire liebte, in Montpellier Medizin studierte und in Lyon von dem Drucker Sebastian Gryphius verlegt wurde. Gustave Doré illustrierte seine Bücher, André Derain malte Pantagruel und Henri Matisse Rabelais.

Einige ihrer Werke sind im Museum zu bewundern. Das gemütliche Landhaus mit Weinkeller im Tuffsteinhöhlengang erinnert an das Landleben von einst. Der Blick aus dem Garten reicht weit über die Reben und Felder des leicht hügeligen Landschaftsidylls. Blätter und Ähren säuseln im Wind wie ein leises, genussvolles Lachen.

● Musée Rabelais, 4 Rue de la Devinière, 37500 Seuilly
www.musee-rabelais.fr

Am Puls der Natur

24 Der Verein L'Observatoire Loire in Blois

Vor den Toren von Blois steht am Loire-Ufer neben einem Kanuverleih der Flachdachbau des Vereins L'Observatoire Loire. Er setzt sich dafür ein, die Biodiversität der Loire zu vermitteln, mit Naturführern auf traditionellen Booten oder auch zu Fuß. Das Vereinshaus steht am Radwanderweg La Loire à Vélo (Glücksort 17) und hier werden auch Fahrräder für kürzere Touren verliehen. Eine kleine Ausstellung macht mit Fauna und Flora, der traditionellen Loire-Schifffahrt und dem Fischfang bekannt. Das Dach dient als Aussichtsplattform mit Blick auf eine Insel und wandernde Sandbänke. Führt die Loire wenig Wasser, ragen ein paar breite Pfeiler einer zerstörten Brücke aus dem Fluss.
Der heutige Direktor Alain Amiot ist schon seit 40 Jahren Vereinsmitglied: „Unser Standort ist in einem absoluten Naturschutzgebiet. Dort drüben rasten Zugvögel, den Rest des Jahres tummeln sich dort Reiher, Fischadler und nistende Seeschwalben. Die Brücke wird künftig für Fußgänger wiederaufgebaut." Ein Glück: Ornithologen, die gern fotografieren, kommen dann näher ran.
Besucher der Ausstellung können sich an einem Modell die sogenannte Guinda ansehen, die Seilwinde aus Holz am Heck der historischen Segelboote. Sie ermöglichte es, unter niedrigen Brücken hindurchzufahren. Der Mast wurde horizontal nach vorne gekippt und anschließend mithilfe der Winde am Heck wieder in die Vertikale gezogen.
Bootsfahrten starten am Flusshafen Port de la Creusille. Eine wunderschöne Stimmung mit Blick auf die Häuser von Blois, den Bischofspalast, die Kathedrale und die imposante, nach ihrem Erbauer benannten Brücke Pont Jacques Gabriel bietet sich in der Abenddämmerung und bei Sonnenuntergang. Direkt vor der Stadt schlägt der Puls der Natur, Vogelrufe, zirpende Grillen und quakende Frösche – auf dem ruhig dahinfließenden Wasser stellt sich ein tiefes Gefühl inneren Friedens ein. Langsam wird es dunkler, die Lichter der Stadt funkeln im Wasser wie eine prompte Erleuchtung. So kann sich Glück anfühlen!

TIPP

Les Ânes de Madame in Contres bietet Wanderungen mit dem Esel an: www.lesanesdemadame.com

● L'Observatoire Loire, Levée de la Loire – Parc des Mées, 41260 La Chaussée Saint-Victor, Tel. +33 (2) 54 56 09 24
www.observatoireloire.fr

Hafenflair mit Gänsehaut

25 Saint-Nazaire an der Loire-Mündung

Aufschwung, Zweiter Weltkrieg und Neuanfang – heute ist Saint-Nazaire Sitz von Airbus und einer Werft, die riesige Kreuzfahrtschiffe wie die Queen Mary 2 baut. Frankreichs viertgrößte Hafenstadt an der Trichtermündung der Loire in den Atlantik hat eine Strandpromenade und einen von Ginster, Pinien, Steineichen und Gischt gesäumten Küstenpfad, den Chemin des Douaniers (Zöllnerpfad), Teil des Fernwanderwegs GR34, der bis zum Mont-Saint-Michel führt.

Weite, Hafenflair und Kunst am Ästuar, kleine Fischerboote aus Holz an der Kaimauer, Möwenrufe und zwei gigantomanische Betonbunker – hier braucht man Zeit, um das Glück zu begreifen. Aus ihrem schweren, nicht sprengbaren Weltkriegserbe hat diese Stadt einen Glücksort mit Weitblick gemacht. Wo die deutsche Kriegsmarine einst 480.000 Kubikmeter Stahlbeton verbaute, um 20 U-Boote in 14 Kammern zu parken, können sich Besucher nun in einen eleganten Ozeandampfer aus noch früheren Zeiten entführen lassen. Multimedial und mit originalen Einrichtungselementen bietet das Museum Escal'Atlantic die perfekte Illusion, auf einem der *paquebots* mitzufahren, die Passagiere in den 1830ern in 18 Tagen nach Übersee brachten. Zum Ausgang wird man im Rettungsboot metertief ins Wasser hinuntergelassen.

TIPP

Zentrales Gästezimmer bei netten Stadtbewohnern in der Rue des Caboteurs 9: L'Escale des Caboteurs.

Auf das Bunkerdach mit dem Garten, den der Künstler Gilles Clément als Teil des Kunstevents Estuaire Nantes Saint-Nazaire (Glücksort 73) bis 2012 gestaltete, führt ein Aufzug. Zum zweiten Bunker an der anderen Beckenseite geht es über eine Schleusenbrücke und eine befestigte Schleuse. Vom Bunkerdach sieht man die kilometerlange Schrägseilautobrücke Pont de Saint-Nazaire über die Loire. Den Blick leiten rote Dreiecke, eine Idee des Künstlers Felice Varini. Unter dem Bunkerdach liegt ein U-Boot der französischen Marine. Ein deutsches Audioguide-Tagebuch begleitet den Besuch auf der Espadon, die 25 Jahre durch die Weltmeere kreuzte und 1964 nördlich des Polarkreises unter dem Packeis hindurchtauchte. Gänsehaut!

● 44600 Saint-Nazaire, www.saint-nazaire-tourisme.com

IMO 9479773

Kreative Korbflechterei

26 Les Paniers d'Hélène in Villaines-les-Rochers

Augen auf bei Spaziergängen durch das Dorf Villaines-les-Rochers, das sich wie ein Y zwischen zwei Täler schmiegt. In ländlicher Idylle gibt es hier gleich Zweierlei zu entdecken. Hinter vielen Häusern und in den Gärten verbergen sich Tuffsteinhöhlen – insgesamt 1100, darunter Wohnstätten, Gästezimmer, Weinlager, Werkstätten oder Geräteschuppen. Von rund 1000 Einwohnern sind viele in der Korbflechterei beschäftigt. In der Umgebung werden auf rund 30 Hektar Korbweiden angebaut.

Um die 45 Korbflechter und 20 Korbweidenanbauer sind Mitglieder der Kooperative des Orts. Ihre Tür steht Besuchern offen. Wer möchte und danach fragt, kann sich die deutsche Version des Films ansehen, den die Kooperative für internationale Messen produziert hat. Eine Ausstellung erstaunt mit Korbflechtereien, die wesentlich vielfältiger und fantasievoller sind als die altbekannten Körbe oder Gartenmöbel. Und man kann den Korbflechtern bei der Arbeit über die Schulter blicken. Was auch in den Ateliers der unabhängigen Korbflechter möglich ist, die ihre Korbweiden selbst anbauen, verarbeiten und vertreiben. So beispielsweise im Shop und in der Werkstatt von Aurélien und bei Les Paniers d'Hélène, der Wirkstätte seiner Schwester Hélène Métézeau nebenan, die an eine kleine „Kunstgalerie" erinnert. Korbweidengänse sind ihr Markenzeichen, eine humorvolle Anspielung auf die Martinsgans. Hélènes Gänse werden zum Sympathieträger auf jedem Gästefoto. Von modischen Taschen über Hängeleuchten für den Garten bis zu Wandschmuck flechtet sie Ideenreiches und setzt kunstvoll die Elfenbein- bis Brauntöne der Korbweidenarten ein. Mit dem Pinsel nachzuhelfen, ist in ihren Kreativworkshops erlaubt.

Die Haute Couture der innovativen Korbflechter-Erzeugnisse wird seit 2023 im Espace Culturel Osier Vannerie gezeigt, der die lebendige Tradition auch multimedial dokumentiert. Initiatoren dieses Kulturforums und „Hauses für regionales Know-how" war die Pariser Modeschöpferin Agnès b. Inspirierend.

Les Paniers d'Hélène, 50 Rue de la Galandière, 37190 Villaines-les-Rochers
www.lespaniersdhelene.com

Verrückt auf China

27 Die Pagode de Chanteloup in Amboise

Eine 600 Meter lange Lindenallee, 14 Hektar Schlosspark umgeben von Wald mit einem halbmondförmigen Teich, auf dem Ruderboote fahren, ein Kanal als Sichtachse. Und ein architektonisches Sahneschnittchen, Ausdruck der im 18. Jahrhundert modernen China-Begeisterung in Kunst und Architektur: Die Pagode de Chanteloup ließ der Duc de Choiseul errichten, ein in Ungnade gefallener Minister Ludwigs XV., der 1770 nach Amboise ins Exil geschickt wurde. Die Pagode von William Chambers im Londoner Kew Gardens war schon gebaut und gewiss ein Vorbild für diese Verrücktheit, die Choiseul sich in dem anglo-chinesischen Schlossgarten als Versailles-Ersatz gönnte. Von dem Schloss von 1714, in dem er wohnte, blieb nichts erhalten.

Heute können Besucher den weitläufigen Park genießen sowie den weiten Blick von der „Pagode der Freundschaft", in der Choiseul einst all jene Freunde empfing, die ihn in der Verbannung besuchten. Der bezaubernde Bau mit rundem Grundriss und Säulenhof verjüngt sich auf sieben Etagen bis zur Spitze in 44 Metern Höhe. 149 Stufen, ein 360-Grad-Panorama, aber das Schönste ist vielleicht die Treppe, in der ersten Etage aus Stein, dann ganz aus Holz. Ein Ort zum tief durchatmen, ein idealer Park für ein Picknick, lustige Holzspiele hinter dem Teesalon am Eingang. Bezaubernd sind die Terrasse im Schatten roter chinesischer Schirme und der Vintage-Laden, wie ein Mini-Flohmarkt. Durch ein rotes Tor kann man in den 2008 angelegten Jardin de Fu Xi spazieren, benannt nach dem chinesischen Urkaiser, der über Himmel und Erde meditierte und in der Mythologie als Urahn der Menschheit gilt. Yin und Yang, der Ursprung aller Dinge, ist in diesem Garten gegenwärtig, beruhigt, entspannt, regt an. Das kalligrafische Zeichen aus seinem „Buch der Wandlungen" ist in der sechsten Etage der Pagode an den Fenstern in den Stein graviert. Wer sucht, der findet.

● La Pagode de Chanteloup, Route de Bléré, 7403 Amboise
www.pagode-chanteloup.com

Beim Tomatenprinzen

28 Schlosshotel La Bourdaisière in Montlouis

Einmal in einem Loire-Schloss mit großem Park wohnen? Flair vergangener Jahrhunderte, am Morgen ein Ausblick auf grüne Wiesen und den Wald, die noch einen Hauch von Nebel verströmen? Abends zwischen Gemälden mit Goldrahmen vor dem Kamin auf der Couch sitzen und in Bildbänden blättern? Im Zimmer rote Vorhänge, das Himmelbett mit Baldachin ebenfalls in Rot und etwas knarzende Dielen? Oder alles in Grün oder Hellblau? Diesen Traum verwirklicht das Château de la Bourdaisière in Montlouis-sur-Loire, 5 Kilometer von Amboise entfernt. Es hat drei Sterne, eine entspannte Atmosphäre und für eine Übernachtung erschwingliche Preise. Holzbalken oder eine Kassettendecke – jedes der 29 Zimmer und Suiten ist anders.

Um richtig etwas von Park, Pool und Gemüsegarten zu haben, braucht man hier mindestens einen halben Tag Zeit. Weit mehr als ein Hotel ist das Schloss ein regionales Ausflugsziel. Im Park gibt es Rad- und Wanderwege, einen Wald und einen Kunstparcours mit Installationen zeitgenössischer Künstler.

Vor allem aber ist La Bourdaisière das Schloss der Tomate. Seit 1991 gehört es dem Prinzen Louis Albert de Broglie, der für sein Umweltengagement und seine grüne Seele als Gründer des Conservatoire de la Tomate bekannt ist. Zuerst pflanzte er in seinem Gemüsegarten 50 alte Tomatenarten, darunter schwarze, gelbe, grüne, gestreifte, eiförmige, längliche. Heute umfasst sein staatlich anerkanntes „Tomatenarchiv" 700 Arten und ist ein wahrer Garten Eden für Sammler, Köche und Botaniker. Auf der Terrasse der schnörkellosen Tomatenbar kann man so gut wie mitten im Gemüse speisen und das Tomaten-Craftbier probieren, Gerichte mit Tomaten gibt es nur in der Saison.

Zum Festival de la Tomate im September kommen seit über 25 Jahren Tausende Besucher zum Ideenaustausch und Samenkauf. Für Musik, Wein und Spiele ist das ganze Wochenende gesorgt. Im Oktober folgt das Holz- und Waldfest und an Ostern lockt das Fest der Pflanzen und des Frühlings Gartenliebhaber in den Schlosspark.

TIPP

Zwei weitere schöne Schlosshotels in der Nähe findet man unter www.chateaudeperreux.fr.

● Château de la Bourdaisière, 25 Rue de la Bourdaisière, 37270 Montlouis-sur-Loire, Tel. +33 (2) 47 45 16 31, www.labourdaisiere.com

Wohnhöhle im Tuffstein

29 Seidenraupenzucht La Magnanerie in Bourré

„Ich bin ein *troglodyte* (Höhlenbewohner) und mein Haus ist ein *troglo*“, sagt Laurent Wastiels seinen Besuchern gern. Nach 20 Jahren in einem Brüsseler Loft bezog der Franzose, der als Reiseveranstalter arbeitet, 2014 sein Traumhaus im Dorf Bourré, eine Tuffsteinwand an einem Hang über dem Fluss Cher. „Wir leben hier zu zweit mit unserer Hündin Elska.“ Bei Recherchen für eine Loire-Reise entdeckte er das Seidenraupenzüchtermuseum der Vorbesitzer. Er kaufte das versteckte Paradies zwischen zwei vertikalen weißen Tuffsteinfelswänden und Obst- und Maulbeerbäumen im Garten.

Es macht ihm Spaß, Besucher durch seine hohen, hellen Wohnräume und durch seine voll ausgestattete Küche zu führen. Strom, Wasser und Internet sind vorhanden. Dank der Südausrichtung und weil es im Tuffstein konstant 12 Grad warm ist, sind die Heizkosten niedrig. „Wir leben wie Gott in Frankreich.“ Liebe macht blind, dient ihm doch der Garten als „Flur“, weil Bad und Toilette in dem kleinen Gartenhaus untergebracht sind, das die Vorbesitzer bewohnten. „Das ist jetzt mein Büro.“

Laurents Begeisterung teilt, wer die erstaunlichen Treppengalerien und die oberen Etagen entdeckt. Schwarz-Weiß-Fotos veranschaulichen das harte Leben der Bauern früherer Jahrhunderte. Zur Erinnerung an eine ihrer wichtigsten Einkommensquellen, seit Ludwig XI. 1470 in Tours eine Seidenmanufaktur eröffnete, zeigt Laurent, wie die Seidenraupenzucht funktionierte.

Seidenraupen (Bombyx mori) bekommt man nur selten zu sehen. Die Raupen schlüpfen aus Schmetterlingseiern. Sie ernähren sich von Maulbeerblättern und spinnen feine Seidenfäden. 1,5 Kilometer Faden ergibt einen Kokon, den sie an Geäst oder einem Rahmen aufhängen. Innerhalb von 2 Monaten konnten frühere Züchter ihren Erlös für den Rohstoff der Seide kassieren. Damit kein Schmetterling schlüpft, wurde der Kokon gebacken. Das Aufwickeln auf Spulen übernahmen andere in der Verarbeitungskette, weiß Laurent. Und freut sich jedes Mal neu über die erstaunten Gesichter der Besucher.

● La Magnanerie, 4 Chemin de la Croix Bardin, 41400 Bourré, Tel. +33 (2) 54 75 50 79
www.magnanerie-troglo.fr/en/home

Im Licht der Emotionen

30 Son et Lumière im Château Royal in Blois

Ein lauer Sommerabend in der alten Königsstadt, alles wirkt leicht und beschwingt. Für Besucher ein perfekter Moment für eine farbenfrohe Geschichtsstunde vor Mitternacht, voller Dialoge und Musik im Schlosshof von Blois. Mit den Tickets bekommt man im Empfangsraum einen Audioguide für die Simultanübersetzung. Ab Einbruch der Dunkelheit, im Hochsommer gegen 22.30 oder 23 Uhr, beginnt von Anfang April bis Mitte September das Son et Lumière, eine stimmungsvolle und faktenreiche Ton- und Lichtshow. Die Pflastersteine sind noch warm genug zum Hinsetzen, die anderen Besucher werden zu Schatten, die ab und zu aufstehen und zum Fotografieren hin- und hergehen. Sie fallen kaum mehr auf im flimmernden Farbenmeer, das mehrdimensionaler als im Kino historische Persönlichkeiten wie Katharina von Medici, den Herzog von Guise und Jeanne d'Arc zum Leben erweckt.

Ludwig II., auf seinem Pferd als Skulptur über dem Eingang verewigt, baute die Festung seiner Geburtsstadt 1498 zum Schloss aus. Er konnte die Räume seines Flügels, der heute das Musée des Beaux-Arts beherbergt, vom Hof aus betreten. Franz I. ließ den neuen Renaissanceflügel und den achteckigen Treppenturm nach italienischem Vorbild bis 1518 erbauen. Leonardo da Vinci hatte wohl auch seine Hand im Spiel. In den Hugenottenkriegen ließ Henri III. den Katholiken Henri Guise ermorden, ein dramatischer Moment der Schatten im Lichtspektakel. Gaston de Bourbon, Herzog von Orléans, ließ den Westflügel in klassizistischem Stil anlegen und Molière an seinem Hof auftreten.

Die Architektur scheint in flackerndem Laternenlicht mit Baumstämmen zu verschwimmen, wird zu einem Wald, das Spektakel hat begonnen. Mit stets wechselnden Lichteffekten entfaltet sich fantasievoll die nächtliche Schönheit der Schlossfassade aus vier historischen Epochen. Die Augen wandern von einem von Lichtkünstlern in Szene gesetzten Spot zum nächsten. Dramen, Liebeleien, Geheimnisse am Hof der Häuser Valois und Orléans – Geschichte mit Erlebnisfaktor.

TIPP

Das Musée des Beaux-Arts im Schloss zeigt 300 Werke berühmter Künstler des 19. Jahrhunderts.

● Royal de Blois, 6 Place du Château, 41000 Blois, www.chateaudeblois.fr
● ÖPNV: Bf. Blois-Chambord, von dort 8 Minuten zu Fuß

Maria

Das Gold der Sologne

31 Beim Kaviarzüchter Hennequart in Saint-Viâtre

Klar macht Luxus glücklich. Bei einer Kaviar-Degustation in der Boutique mit skandinavischem Schick kommt man zwischen La Ferté-Beauharnais und Saint-Viâtre in den Genuss des braunen Golds der Sologne. Das zu 100 Prozent lokale Produkt des Familienbetriebs Hennequart hat die Sterneküchen und den internationalen Markt erobert. Es ist im Gaumen sanft körnig und zergeht dann wie Butter. Den leicht nussigen Jodgeschmack unterstreicht der milde französische Wodka Calmont aus der Region Cognac – ein Hochgenuss.

Ein Kilo Kaviar erzielt Verkaufspreise zwischen 1600 und 1800 Euro, Familie Hennequart nimmt für eine Verkostung für zwei Personen (30 Gramm Kaviar mit Wodka) 48 Euro. Im Jahresdurchschnitt erzeugt der Betrieb etwa 2,5 Tonnen Kaviar. Neben runden Kaviar-Döschen gibt es im Direktverkauf Terrinen aus geräuchertem Störfilet. Schon ab den 1980ern stellten Vincent Hennequart und seine Schwester Patricia die traditionelle Süßwasserfischzucht des Vaters auf Sibirische Störe und Osietra-Störe um, wie sie im Kaspischen Meer zu Hause sind.

Vincent liebt die einfachen Genüsse – Kaviar pur mit Wodka oder Champagner. Raffiniertere Zubereitungen überlässt er Leuten wie dem befreundeten Sternekoch Christophe Hay aus Blois. Mehrere Jahrgänge Paul Michel Brut stehen in den Regalen des Shops. Die Hennequarts sind Verkostungsprofis. „Nach der Ernte füllen wir den Kaviar in Dosen. Nach 2 Tagen öffnen wir sie wieder und prüfen Konsistenz und Geschmack", so der Züchter. Gefischt und geerntet wird im Winter, aber Videos präsentieren lebhafte Szenen aus den bis zu 100 Teichen der Hennequarts, in denen manche Tiere bis zu 15 Jahre leben. „Störe sind neugierig, sie streichen einem bei der Arbeit um die Beine und sind von Natur aus nie gestresst", erzählt Vincent. „Das ist gut für uns, denn einmal geernteter Kaviar lässt sich nicht mehr nachträglich verbessern." In den Teichen der Sologne gedeihen die Tiere natürlich und gesund, ohne jegliche Behandlung.

TIPP

Spielt in der Sologne: Alain-Fourniers „Le Grand Meaulnes" (Der große Kamerad) – sehr lesenswert.

● Caviar de Sologne Pisciculture Hennequart, Le Grand Cerneant, 41210 Saint-Viâtre, Tel. +33 (2) 54 83 64 27, www.caviardesologne.fr

Caviar
de
Sologne
Baerii
Poids net 500 gr
Pisciculture Hennequart - 41210 St Viâtre - Conserver au réfrigérateur à +4°C

Der Duft der Zeiten

32 Die Parfümpromenade im Château de Chamerolles

Was ist das Schönste? Vielleicht die Gärten und der Blick von einer der auf der Wiese aufgestellten Liegen über den Wasserspiegel zum Schloss bis hoch zum Himmel. Weiße Parfümwolken scheinen wie Watte über dem Schloss Chamerolles zu schweben und im glatten Teich davor zu versinken. Hier macht sonniges Wetter glücklich und verlockt, lange kontemplativ zu verweilen.

Parfümwolken? Ja, richtig gelesen! Das Schloss liegt im Cosmetic Valley, dem französischen Silicon Valley des Parfüms, denn hier in der Region Centre konzentrieren sich Hunderte Unternehmen der Parfümherstellung, von der Forschung über den Anbau aromatischer Pflanzen bis zur Herstellung von Kosmetika und Parfüms. Branchengrößen wie L'Oréal, Shiseido und Marken wie Christian Dior und Guerlain gehören dazu. Und so zeigt das Département du Loiret, das dieses Schloss mitsamt der Gärten bis 1992 restaurierte, im Südflügel eine Ausstellung zu Parfüm und Hygiene vom 16. bis zum 20. Jahrhundert – die Promenade des Parfums.

Wie viele Loire-Schlösser stand Chamerolles nach der Französischen Revolution leer. Die Einrichtung lässt die Geschichte wieder aufleben und erinnert an die Zeit seines Erbauers im Stil der Frührenaissance 1500 bis 1530: Lancelot I. du Lac, Vogt von Orléans unter Franz I. und seines Enkels Lancelot II., der den Renaissancegarten anlegte. Zu entdecken gibt es faszinierende Objekte der Parfümgeschichte – Flakons, Destilliergeräte, mit Kräutern gefüllte Tütchen, die zur Zeit des Sonnenkönigs unter der Kleidung getragen wurden, Schaufenster echter Parfümläden wie Lancel aus Paris und eine Parfümorgel mit 270 Flakons für die „Nase", die das Parfüm bei dem wegweisenden Hersteller Coty Anfang des 20. Jahrhunderts komponierte.

Chamerolles ist eine Station an der Route de la Rose und hat eine bezaubernde Rosensammlung. Wer das Glück hat, seine Nase an eine blühende Rosa centifolia, gefüllt mit 100 duftenden Blütenblättern, halten zu können, kann sich hier fühlen wie auf einem Blumenfeld der Parfümstadt Grasse.

● Château de Chamerolles, Gallerand, 45170 Chilleurs-aux-Bois
www.chateauchamerolles.fr

Probieren beim Winzer

33 Weingut Clos Saint-Fiacre in Mareau-aux-Prés

Sanfte Hügel mit Obstplantagen und Weinfeldern. Um Mareau-aux-Prés reifen im Juni die Kirschen am Straßenrand, im Herbst die Birnen und Trauben. Das kleine Weinanbaugebiet hat seit 2006 die kontrollierte Herkunftsbezeichnung AOC Orléans und Orléans-Cléry. Zur Zeit des Königs Franz I. auf dem dritten Platz der französischen Anbaugebiete, ist es heute nur noch 60 Hektar groß.

Vier der sechs Erzeuger sind unabhängige Winzer. So wie Bénédicte Montigny-Piel und ihr Mann Hubert vom Weingut Clos Saint-Fiacre. Durch das Scheunentor aus Holz geht es in den Empfangsraum für den Direktverkauf und in die Probierstube. Falls die Winzer etwas Zeit haben, zeigen sie gern die große Scheune, die Stahlfässer und den Weinkeller mit den Holzfässern. „Wir machen alles von Hand. Jeder Jahrgang schmeckt anders, je nach dem, was uns die Natur beschert.“ Wenn es im Frühjahr friert, ist ihre Ernte dahin. „Wir haben kein offizielles Biolabel, aber ein gesundes Bewusstsein für unsere Umwelt.“

TIPP

Aus Olivet am nur 13 Kilometer langen Loiret stammt der Williams-Birnenschnaps La Poire d'Olivet.

Bénédicte hat in Amboise und Beaune (Burgund) Önologie studiert. Das Paar arbeitet seit 1995 auf dem Hof und übernahm ihn 2001 komplett. „Wir waren immer mehrere Generationen bei Tisch, um die acht Personen“, erzählt die Hoferbin. „In unserer Familie wird seit 1635 Wein angebaut.“ Heute bewirtschaften sie 15 Hektar und befüllen im Schnitt pro Jahr 90.000 Flaschen. Die Besonderheit ihrer AOC: Sie ist die einzige mit der Rebsorte Chardonnay im Val de Loire. Zudem kultivieren sie Pinot Meunier, eine eher für die Champagne typische Rebsorte. Und Pinot Noir für die Roten. Die Rebsorte Cabernet Franc stammt erst aus dem 19. Jahrhundert. Auf den kalkhaltigen Sandböden ergibt sie sehr trockene Weißweine. „Unser Weißwein für den Aperitif ist ein Passe Partout.“ Er ist also zu vielen Gelegenheiten ein Glücksgriff. Die beiden anderen sind komplexer und passen gut zu Fisch und Geflügel. Die Roten sind leichte Sommerweine. Wie an der Loire üblich, trinkt man auch sie stets gekühlt.

● Clos Saint-Fiacre, 560 Rue Saint-Fiacre, 45370 Mareau-aux-Prés,
Tel. +33 (2) 38 45 61 55, www.clossaintfiacre.fr

Gruß von Karl dem Großen

34 Mosaiksteine im Oratoire von Germiny-des-Prés

Mitten im Grünen steht ein Picknicktisch mit Bänken im Schatten von Bäumen vor einer kleinen Kirche. Sie ist nicht romanisch, sondern noch älter. Besucher haben am Rand des Dorfs Germiny-des-Prés oft das Glück, hier ganz allein zu sein, und können in aller Ruhe eine der ältesten Kirchen Frankreichs bewundern. Im Jahr 806 in karolingischer Zeit stand sie schon fertig da. Wer sie umrundet, fühlt sich fast wie in der Toskana. Kaum zu fassen, dass diese idyllische Landkapelle der Aachener Pfalzkapelle Karls des Großen nachempfunden wurde. Der Grundriss des kompakten Ensembles basiert auf einem griechischen Kreuz, Erweiterungen wie das Langschiff kamen erst später hinzu.

Innen veranschaulicht ein Modell die vielschichtige Architektur nach dem Vorbild byzantinischer Kreuzkuppelkirchen. Die Seiten des von dem Kreuz vorgegebenen Quadrats sind nicht länger als 10,4 Meter. Groß genug für das Oratoire, die Hauskapelle, der Privatvilla eines Kirchenmanns. Der Erbauer Theodulf von Fleury, ein Spanier, war seinerzeit nicht irgendjemand, sondern Bischof von Orléans, Berater Karls des Großen, Begründer der Klosterschulen von Fleury und ein Kunst- und Architekturliebhaber. Das weiß die Nachwelt aus den Schriften der Benediktinerabtei von Fleury (Glücksort 18), die im benachbarten Saint-Benoît-sur-Loire schon im 7. Jahrhundert Pilger an die Loire zog. Die Mönche halfen dem Glück etwas nach und brachten Knochen des Benedikt von Nursia aus Italien als Reliquien hierher.

Vom Kunstsinn des Abts Theodulf zeugen die in Germiny-des-Prés erhaltenen Fensterrosetten, die floralen Motive und – das Highlight – ein goldglänzendes Mosaik in der Apsis. Es soll aus über 130.000 Teilchen bestehen und zeigt zwei Engel mit der Bundeslade des Alten Testaments. Heute restauriert, erinnert es an die Pracht, mit der Erbauer Theodulf sich umgab. Als Kinder mit bunten Glassteinchen spielten, entdeckte man das Mosaik Mitte des 19. Jahrhunderts. Mehrmals überstrichen, war es jahrhundertlang versteckt.

● Oratoire, Route de Saint-Martin, 45110 Germiny-des-Prés

Gast bei Kapitän Haddock

35

Im Schlosspark von Château de Cheverny

Dieses Schloss ist nicht mehr zu verkaufen. Es gehört Kapitän Haddock. Seit es in Kooperation mit der belgischen Hergé-Stiftung die Ausstellung „Die Geheimnisse von Schloss Mühlenhof" zeigt, ist es ein Magnet für Tim-und-Struppi-Fans. Schloss Cheverny ist Moulinsart – Mühlenhof, ein Geschenk Ludwig XIV. an einen Ritter für seine treuen Dienste in seiner Marine, der zum Glück für alle Hergé-Fans ein Ahnherr von Tims Freund Kapitän Haddock war. Mit wenigen Unterbrechungen ist dieses Schloss seit 700 Jahren im Besitz der Nachfahren der Familie Hurault. Der Marquis de Vibraye und seine Frau lassen es seit 1922 ganzjährig besichtigen. Neben Tim und Struppi haben ihre Jagdhunde Anziehungskraft auf viele Besucher.

Und ganz besonderen Charme hat der riesige Schlosspark, in dem die Natur regiert und ökologisch gearbeitet wird. Per Hand gepflanzt sind die 500.000 Tulpen, die ab Mitte April blühen. Die ganze Weite des Parks lässt sich mit E-Autos und -Booten erkunden. Es geht an Riesenmammutbäumen vorbei durch eine hohe Zedernallee, die als nie realisierte Prachtzufahrt gepflanzt wurde. Im Jardin des Apprentis, dem zwischen Schloss und Orangerie-Café von Lehrlingen angelegten Garten, stehen lauschige Bänke mit Schlossblick. Der Weg zum Liebesgarten führt an der Familienlinde mit dem Label „Arbres remarquables" vorbei – „bemerkenswerter Baum". Ihre im Boden wurzelnden Zweige repräsentieren den Familienstammbaum, so heißt es. Legendär! Die sechs Bronzen im Garten der Liebe sind Werke des Künstlers Gudmar Olovson. Liebhaber der Bildhauerkunst finden ihren Glücksmoment vor der ausdrucksvollen Bronze eines sich vor dem Teich umarmenden Paars. Von hier aus lässt sich der große Park durchstreifen. Auf Wildschweinspuren treffen und den Atem der Natur spüren. Eine Einladung zu einem ausgiebigen Spaziergang. Lust auf eine Stärkung? Vor dem Schlosseingang lädt der Garten des Restaurants Le Grand Chancelier zur Einkehr ein. Ein perfekter Tag für Comic- wie für Naturfans!

TIPP
Gute Tropfen aus der Romorantin-Rebe bietet das Maison des Vins de Cheverny gegenüber.

Château de Cheverny, Avenue du Château, 41700 Cheverny
www.chateau-cheverny.fr/de

Genießertreff

36 Auf dem Markt von Amboise

Mit gleich drei Schlössern ist Amboise ein Besuchermagnet. Freitag- und sonntagvormittags sollten Glücksuchende auf dem Kalender ankreuzen, denn dann ist auch noch Markt auf der Place du Marché, der Platanenallee auf einem Damm an der Loire. Das Ambiente ist so, wie man es sich im Feinschmeckerland Frankreich erträumt: Entspannt präsentieren Händler und Gastwirte aus Stadt und Umland frisches saisonales Obst und Gemüse, Austern, Fisch und Meeresfrüchte aus der Loire, den Teichen der Sologne und aus Atlantik und Mittelmeer, Halstücher, Schmuck, Hüte und Blumen. Am Spieß drehen sich die poulets fermiers vom Bauernhof. Ratatouille, Reispfannen und weitere warme Speisen brutzeln in Riesenpfannen. An einem Stand gibt es cari poulet und cabri massalé (Hühnchenragout und Zicklein mit Massala). So macht ein Restaurant aus La Réunion die bunte, würzige Küche der französischen Insel im Indischen Ozean bekannt und verkauft auch gleich die dort typischen Rum-Arrangements. Im nächsten Gang ein Stand mit Produkten aus Madagaskar. Ein paar Schritte weiter gönnen sich Händler wie Besucher auf den Stühlen vor dem Caféwagen eine Espresso-Pause.

So multikulturell das Angebot ist, beglückt der Markt von Amboise auch mit typischen Delikatessen aus dem Loiretal. Die köstlichen Ziegenkäse mit kontrollierter Herkunftsbezeichnung (AOC) sind die Stars eines Picknicks mit frischem Baguette und Oliven: der Sainte-Maure aus der Touraine, die kleinen Pyramiden aus Pouligny Saint-Pierre und Valencay, der Crottin de Cavignol in seiner Pferdeapfelform oder ein Vendôme mit aparter Aschekruste. Sie sind mit Weißweinen aus Cheverny, Vouvray und Saumur ein Hochgenuss. Ein halbtrockener Montlouis passt zu den regionaltypischen Schweine- oder Gänse-Rillettes, in kleinen Gläsern für ein Picknick oder als Mitbringsel zu haben. Oder zu einer der raffinierten Patés. Auch Fisch – Hecht, Lachs, Karpfen, Meeräsche, Neunauge, Aal – gibt es in geschnetzelter Form, gewürzt und haltbar als Brotaufstrich in Gläsern.

- Marché d'Amboise, Place du Marché, 37400 Amboise
- ÖPNV: Haltestelle Max Ernst

Einladung zum Schlemmen

37 Weingut und Gemüsegarten auf Schloss Valmer

Rendezvous auf Schloss Valmer. Von Juni bis August jeden Dienstag ab 18.30 Uhr, ein magischer Termin in der Region. Denn dann ist Aperitif-Zeit. Zu den leichten weißen prickelnden Schaumweinen, die das Schlossweingut nach der traditionellen Methode wie Champagner ausbaut, werden manchmal Blüten aus dem Blumen- und Gemüsegarten verkostet. Wo es keine Austern gibt, tun es auch die Blätter der „Austernpflanze" Mertensia maritima. Die Events im Schloss stehen auf der Webseite, aber degustieren und mit allen Sinnen genießen lässt sich hier immer. Besucher dürfen Beeren, Blüten und Tomaten im Gemüsegarten naschen, auf der Wiese sitzen und nach Herzenslust picknicken. Die Schlossbesitzerfamilie de Saint-Venant wohnt seit 1888 auf Valmer. Die Gräfin, eine Botanikerin, hat sich für die Restaurierung der am Hang über dem Fluss Brenne erhaltenen Terrassengärten der Renaissance eingesetzt. Acht Etagen erstrecken sich über 30 Meter Höhenunterschied, mit Blick auf die Weinkulturen. Am Schlossgraben unter den beiden über 150 Jahre alten Sophora japonica setzt sich jeder gern in den Schatten. Die Zweige dieser Hängenden Perlschnurbäume mit dem Label „bemerkenswerte Bäume" reichen bis in den 13 Meter tiefen Schlossgraben.

Das große historische Schloss von einst brannte 1948 wegen eines Bügeleisens ab. Die Gräfin ersetzte es durch Gartenarchitektur: In Form geschnittene Eiben lassen seine Dimensionen erahnen. Auf dem Weg hinab in den Gemüsegarten versetzt ein Blick in die Kapelle in der Tuffsteinhöhle Kunstliebhaber in Begeisterung. Nebenan werden in den Tuffsteingalerien die Schaumweinflaschen von Hand gedreht. Sohn Jean betreibt das Weingut und setzt auf die leichten und frischen Resultate der Flaschengärung. Eine Mauer schützt den Garten für Gemüse und essbare Blumen. In seinem Mikroklima gedeiht ein Artenpool, den Besucher riechen, ertasten, fotografieren und schmecken können. Eine Weinprobe im Shop könnte der einzige Anreiz sein, sich wieder hoch zum Eingang zu bewegen.

● Château de Valmer, 37210 Chançay, Tel. +33 (2) 47 52 93 12
www.chateaudevalmer.com

Zeitreise mit dem Tablet

38 Zu Agnès Sorel in die Cité Royale de Loches

Prasselndes Kaminfeuer im Wohnturm, Säbelrasseln. Wer die Festung der Königsstadt Loches mit dem HistoPad besichtigt, kann sich ins Mittelalter zurückversetzen lassen. Auf dem Tablet erscheint die authentische Einrichtung der Säle; sinnliche Eindrücke und Dialoge machen Geschichte greifbar nah. Dank moderner digitaler Technik kann gezeigt werden, was nicht mehr physisch erhalten ist, von üppigen Banketten bis zur Belagerungsschlacht in 3-D von 1204/1205 zwischen Plantagenets und Kapetingern.

Der Donjon (Wohnturm) von Loches, eins der besterhaltenen Bauwerke aus romanischer Zeit, ist 36 Meter hoch. Sein Bauherr, Fulko Nera, Graf von Anjou, erspähte aus seiner Residenz jeden Feind in der weiteren Umgebung. Der Ausblick ist bis heute grandios.

Königsstadt wurde Loches 1249 unter Ludwig IX. und die Burg seither immer weiter als Wohnstätte ausgebaut. Hier wandeln Besucher durch die Jahrhunderte, zwischen romanischen Bildhauereien wie am Portal der Stiftskirche Saint-Ours und kunstvollen Porträts auf den Spuren der Persönlichkeiten, die an diesem Ort Geschichte schrieben, darunter mächtige Frauen. Im großen Saal überzeugte Jeanne d'Arc Karl VII., sich in Reims krönen zu lassen. Im Saal Agnès Sorel erinnert das wertvolle Gemälde „Jungfrau mit Kind" von Jean Fouquet an die Anmut der wunderschönen Agnès Sorel. Die hochintelligente Geliebte lebte an der Seite von König Karl VII. in Loches und war die treibende Kraft hinter so mancher politischen Entscheidung. Sie gilt als erste offiziell anerkannte Mätresse Frankreichs. In der Zeit von Anne de Bretagne im 15. Jahrhundert, einer weiteren starken Frau, wurde der Renaissance-Wohnflügel ausgebaut und ein prunkvolles Oratorium im gotischen Flamboyantstil als Gebetsstätte errichtet.

Am Fuß des Donjons können sich heutige Besucher in der dichten grünen Oase des mittelalterlichen Gartens entspannen. Hier stehen Skulpturen und Liegen zwischen Obst- und Maulbeerbäumen, Wein- und Rosenstöcken und eingefassten Beetquadraten mit Heilkräutern, Gemüse und Färberwaid.

● Cité Royale de Loches, 5 Place Charles VII, 37600 Loches, Tel. +33 (2) 47 19 18 08
www.citeroyaleloches.fr

Das Glück der Erde

39 Französische Reitkunst: Cadre Noir in Saumur

„Wer reitet, bewegt sich in nicht definierbarer Höhe zwischen Himmel und Erde“, schrieb der französische Kulturjournalist Jérôme Garcin. Dass auch das Glück der Pferde existiert, lässt sich in Saumur bei einem Besuch im Cadre Noir hautnah miterleben. Die berühmteste Schule der französischen Reittradition ist das Pendant der Spanischen Hofreitschule in Wien, der Königlich-Andalusischen Hofreitschule in Jerez de la Frontera und der Lissaboner Escuela Portuguesa de Arte Equestre.

Bei den Vorführungen in ihrer großen Reithalle zeigt sie die Exzellenz der französischen Reittradition – mit einer Dressurvorführung und den sogenannten „Schulen über der Erde“: Courbetten, Kruppaden und Kapriolen. Besucher können donnerstagvormittags beim kommentierten Training zuschauen, zu anderen Zeiten die Ställe der 350 Pferde besichtigen und vielleicht einen Blick in die Schmiede erhaschen, die ihre Hufeisen maßanfertigt.

Der Cadre Noir hat Koppeln und eine Pferdeklinik, in der sich auch eine Osteopathin um das Wohl der Pferdestars kümmert. Die schwarzen Uniformen der Rittmeister gehen wie der Name Cadre Noir auf die militärische Gründungszeit 1815 zurück. Die heute staatliche Einrichtung hat nicht nur die Aufgabe, die französische Reitkunst glanzvoll erstrahlen zu lassen, die seit 2011 Immaterielles Kulturerbe der UNESCO ist. Sie ist auch eine Elite-Reitschule, die Reiter für die Paralympics und die Olympiade ausbildet.

Neben dem Hochleistungssport ist die Forschung zum Wohlbefinden und Leistungsvermögen des Pferds ein weiterer Fokus. Statt um Rasse geht es um Klasse, um Leichtigkeit und Harmonie in der Kommunikation zwischen Mensch und Pferd. Hier ist fast jedes Pferd ein Champion, etwa der Hengst Baycal Dal Souysse, der nur vom seidenen Faden einer Angelschnur geleitet federleicht über 1,6 Meter hohe Hindernisse springt, oder Apéro, Star der Kapriolen, sowie die junge Stute, die sich beim Toben auf einer Koppel mehrere Rückenwirbel brach und heute ohne Widerrist wieder in Topform ist. Exzellent eben.

TIPP
Traumhafter Blick vom Schloss über Saumur, die Weinberge und die Loire.

● Le Cadre Noir, 170 Avenue du Cadre Noir, 49400 Saumur, www.ifce.fr/cadre-noir

Zwischen Wasser und Land

40 Ausflug in die Brière bei Saint-André-des-Eaux

Entschleunigung pur. In der Ferne ist noch der Bogen der Pont de Saint-Nazaire über die Loire-Mündung zu sehen und dann taucht man in den Parc naturel régional de Brière ein, die nach der Camargue zweitgrößte Schwemmlandschaft Frankreichs. Schilf, Wasserläufe, Kanäle, Sümpfe, Moor – kleine Häfen wie der Port de la Chaussée Neuve bei Saint-André-des-Eaux erschließen sie für den Tourismus der Langsamkeit. Mit Pferdekutschen, flachen Holzkähnen, die hier *chalands* heißen, oder bei Streifzügen auf leisen Sohlen. Dem Schnattern der Gänse und Enten lauschend, Reihern, Schilfbussarden, Krickenten und Löfflern auf der Spur, am Wegesrand weiße Seerosen oder gelbe Iris. Silbrig in der Sonne flimmernde Ebenen oder im Nebel auf dem Wasser flackernde Irrlichter, die früher Bewohner von ihren Häusern fort ins Moor lockten. Die Guides führen gern vor, wie dieser Effekt in der Natur zustande kommt. Es handelt sich um Methangas, das aus den Torfböden freigesetzt wird und bei Kontakt mit der Luft entflammt. Mystisch.

Die Brière vor den Toren von Saint-Nazaire verströmt allein wegen vielen Häusern mit Reetdächern bretonisches Flair. Sie heißen *chaumières* und es sollen über 2225 sein, verteilt auf 49.000 Hektar Lagunenlandschaft aus Wasser und Inseln im Naturpark des Départements Loire-Atlantique. Ein Blick aus der Vogelperspektive ist aus 24 Metern Höhe vom Belvedère in Port de Rozé möglich. 128 Stufen und dann schweift das Auge mit großem Wow- und Aha-Effekt über diese ganz besondere grünblaue Wunderwelt.

Rund 20 auch von innen traditionell eingerichtete Reethäuser kann man sich im Dorf Kerhinet ansehen. Gedeckt werden sie mit Schilfrohr, früher auch mit Roggen und Binsen. Die Dächer halten etwa 30 Jahre und Handwerker beherrschen die alten Techniken, um die Dächer zu bewahren. Kunsthandwerker aus der Brière stellen aus hartem subfossilen Mooreichenholz, dem Morta, Messergriffe, Schmuck und Schnitzereien her. Auch das erinnert an ein autarkes Leben in alten Zeiten.

TIPP

Am Bilderbuchstrand von Monsieur Hulot in Saint-Marc-sur-Mer schrieb Jacques Tati Filmgeschichte.

● Parc National Regional de Brière, Port de la Chaussée Neuve, 44117 Saint-André-des-Eaux, www.parc-naturel-briere.com

Muscadet und Toskana-Mode

41

Clisson im Weinbaugebiet von Nantes

Bei einem Ausflug nach Clisson fühlt man sich wie in Italien. Pinien, Zypressen, Türme der Burgruine über dem Fluss Sèvre. Das Städtchen mit nicht einmal 8000 Einwohnern ist ein pittoresker Kontrast zum urbanen Nantes. Im Vignoble de Nantes bietet es eine Glückskulisse, um echten Terroir-Weißwein zu probieren, den Muscadet. Ab Nantes gibt es für Auto- und Radfahrer Rundwege durch das große Anbaugebiet zwischen den Loire-Nebenflüssen Sèvre und Maine. Bereits Rabelais schrieb über die Muscadet-Rebsorte Melon de Bourgogne, die ab dem 16. Jahrhundert angebaut wurde. Aus Clisson stammen die ersten Luxusvarianten: Gorges, Clisson und Le Pallet zählen seit 2011 zu den ersten von heute sieben Lagen der Crus Communaux, die das INAO (Institut National de l'Origine et de la Qualité) anerkannte. Steht „sur lie" auf dem Etikett, stammen die Weine aus Nantes, ob Muscadets communaux, Coteaux de la Loire oder Côtes de Grand Lieu. 6 Monate reifen sie, ihre natürliche Gärhefe macht sie fruchtig und sanft perlig. Neben Primeurs, die man sofort trinkt, gibt es heute renommierte lagerfähige Muscadets, die in hiesigen Lokalen und in internationalen Sternerestaurants auf den Tisch kommen.

Dienstags und freitags lädt der Wochenmarkt zum Shoppen und Schauen ein: unter dem historischen Holzdach der Markthalle und zwischen Fachwerk von der Rue des Halles bis zur Place Saint-Jacques. Romantiker genießen die Weitläufigkeit der grünen Hügel, begeistern sich für den Blick von der Burgruine über die Sèvre-Brücke, für den Campanile und die Bogenfenster der Winzervillen.

Der italienische Einfluss setzte in der Gegend nach der Französischen Revolution ästhetische Akzente gegen den Nationalismus. Ein Gruß des Architekten Palladio und der Landschaftsmalereien Mittelitaliens. Einen Hügel über Clisson gestaltete Napoleons Bildhauer François-Frédéric Lemot im 19. Jahrhundert. Sein Traum-Park mit der Domaine de la Garenne Lemot und dem Tempel der Vesta wie in Tivoli lädt zum Flanieren und Entspannen ein.

TIPP

Das Hellfest für extreme Musik – Fluch für die einen, Sommerglück für die anderen: www.hellfest.fr

44190 Clisson

Studentenflair

42 Treffpunkt Place Plumereau in Tours

Um die 30.000 Studenten machen Tours zu einer quirligen Ausgehstadt. Zu ihren Lieblingsorten gehören die große Guinguette an der Loire-Promenade und die Place Plumereau mitten in der Altstadt. Die Place Plume, wie die Stadtbewohner ihr Sommerwohnzimmer nennen, ist der Treffpunkt überhaupt, zum Shoppen zwischen den schiefen Fachwerkhäusern, zum Apéro am frühen Abend. Danach wird es immer schwerer, überhaupt noch einen Platz zu finden. Die Crêperien, Bistro- und Burgerküchen sowie Bars ringsum teilen sich die große Terrasse in der Mitte auf. Zum Glück gibt es an der Ecke der Rue du Change die Eisdiele Tutti Gusti. Das Eis oder die Waffeln, Hotdogs oder Galettes vom Tresen darf man auf den Stühlen und Bänken vor der Tür verzehren und schaut sich den Trubel dann einfach mit etwas Abstand an.

Nebenan auf der Place Saint-Pierre-le-Puellier umgeben die Häuser einen Naturgarten in einer Grube, die von der mittelalterlichen Gemeindekirche übrig ist. Das Haus mit den schönen Spitzbögen gehörte den Domherren von einst.

Die wenigsten wissen es noch: Der Stadtrat, nach dem die Place Plumereau seit 1888 benannt ist, wollte bekannt und unvergessen bleiben und vermachte der Stadt 3000 Franc. Im Gegenzug erfolgte die Namensgebung. Nachhaltig, denn damals stand sein Haus hier an einer Straße. Erst später wichen einige Häuser an der Kreuzung einem Markt für Blumen, Obst und Gemüse. Die heutigen Fachwerkhäuser an der Südseite des Platzes gehen auf das 15. Jahrhundert zurück, Mietshäuser für Arbeiter und Handwerker in einem einst heruntergekommenen Viertel. Je schmaler das Haus, desto weniger Steuern mussten gezahlt werden, an Material wurde auch gespart. Nur das Erdgeschoss ist aus Stein, darüber folgt senkrechtes Fachwerk, gestützt durch einen Querbalken. Erker waren seit 1502 verboten – zum Feuerschutz. Unten Geschäft, oben Wohnraum – so ist es auf dem denkmalgeschützten Platz bis heute. Ein paar hübsche Renaissancevillen haben sich nach Plumereaus Zeiten eingeschlichen. Charmant.

TIPP

Günstig, einfach und zentral: das Hotel Ferdinand (www.ferdinandhotel.fr).

- Place Plumereau, 37000 Tours
- ÖPNV: Haltestelle Porte de Loire

Café du Vieux Mûrier

Goldene Zeiten

43 Musée de la Marine in Châteauneuf-sur-Loire

Einfach fantastisch: Die Loire-Schifffahrt lebt! In Châteauneuf-sur-Loire baut der Verein Mariniers de Loire traditionelle Holzsegelboote nach und segelt so wie früher, als günstige Winde vom Atlantik die Schiffe gegen die Strömung von der Loire-Mündung bei Nantes bis nach Orléans bliesen. Damals war die Loire Frankreichs wichtigste Verkehrsader für Waren und Personen, bis Anfang des 20. Jahrhunderts die pünktlicheren Züge den Niedergang der Flussschifffahrt einleiteten. Der Verein hat das erste Frachtschiff La Gaillarde nachgebaut und gefilmt. Im Musée de la Marine de la Loire veranschaulicht der Film die mühsamen Manöver der Loire-Schiffer noch vor der Zeit der Flussdampfer. Manchmal mussten die Kähne von Treidelpfaden aus gezogen oder die Fracht vor Sandbänken auf kleinere Boote umgeladen werden.

Im früheren Pferdestall des Schlosses zeigt das Museum eine erstaunliche Sammlung an Bootsmodellen, Navigations- und Alltagsobjekten von Schiffern und Fischern, Mobiliar und Reisekoffern, Keramik, Fayencen, Schmuck und Gemälden. Zu sehen ist auch der Käfig eines Papageis, der nach einer Flussreise in ein Kloster nach Nantes die dortigen Nonnen mit seinem vulgären Schiffervokabular so sehr erschreckte, dass er nicht bleiben durfte. Die Dauerausstellung weckt Erinnerungen an die Salzsteuer, die Weine und Waren aus der Touraine, die nach Holland und Belgien verschifft wurden, aber auch an die Zeit der Sklaverei in den Kolonien. Die Loire-Schiffer beförderten Baumwolle, Kaffee, Kakao, Tabak und Gewürze aus den Antillen, Kanada und Terre Neuve ebenso wie Tuffstein aus der Region für die Kathedrale von Orléans.

Das Museum zeigt auch Wechselausstellungen und hat eine Traumlage im Parc Naturel Départemental, einem herrlich weitläufigen Park des früheren Schlosses. Er reicht bis zum Loire-Ufer und beglückt mit seiner Vegetation aus einst exotischen Ländern – jede Menge Rhododendron und Ginkgo, Sumpfzypressen, Zedern, Milchorangen- und Mammutbäume sowie Japanische Schnurbäume.

● Musée de la Marine de Loire, 1 Place Aristide Briand, 45110 Châteauneuf-sur-Loire
www.musee-marinedeloire.fr

Frisch und modern

44 Die Kunstsammlung in der Abbaye de Fontevraud

Die Abbaye de Fontevraud atmet über 1000-jährige Geschichte – als Äbtissinnenkloster, Königsgrab, Gefängnis und Zentrum für Kunst und Kultur. Wer heute im Klosterhotel übernachtet, kann am Abend durch den mystisch beleuchteten Kreuzgang, die Kirche, die romanische Küche und das gesamte Gelände wandeln.

Ein Highlight für Kunstliebhaber ist die 2021 eröffnete Sammlung moderner Kunst vom 19. bis Mitte des 20. Jahrhunderts. Über 800 Gemälde, Skulpturen und Antiquitäten aus allen Zeiten und Kontinenten reflektieren um die 60 Jahre aus dem Kunstsammlerleben des Pariser Ehepaars Cligman: Edgar Degas, Maurice de Vlaminck, Albert Marquet, Kees van Dongen, Robert Delaunay, Juan Gris, Bernard Buffet, André Derain, Skulpturen von Germaine Richier, ein Saal mit Flakons aus Glas von Maurice Marinot in Vitrinen. Die Cligmans schenkten ihre Sammlung teils dem Staat, teils der Region Val de Loire – und gleich dazu die Millionen, um die Dauerausstellung im eigens dafür modernisierten Pferdestall zur Geltung zu bringen.

TIPP
Übernachten im Klosterhotel und das Kulturprogramm im Blick behalten!

Er – Léon Cligman – ein Industrieller aus einer Textildynastie, der für den Vertrieb von Marken wie Yves Saint Laurent, Christian Lacroix und Lacoste in der Welt herumkam. Sie – Martine Martine – selbst Künstlerin und Tochter von Pierre und Denise Lévy, die das Musée d'Art Moderne der Stadt Troyes bei Paris stifteten. Und dann wäre da noch die Museumsdirektorin Dominique Gagneux mit ihrer Erfahrung aus dem Musée d'Art Moderne de Paris, die in Fontevraud mit viel Gefühl die Geschichte der Kunstgeschichte und des persönlichen Geschmacks auf einen Nenner gebracht hat. „Wir sind intuitiv vorgegangen, um das Flair des Pariser Apartments der Sammler und die Atmosphäre im Atelier von Martine zu erhalten", erklärt die Direktorin. „So ergeben sich unerwartete zeitlose Bezüge zwischen Formen und Farben, die den Blick der Sammler und die Ästhetik ihrer Zeit widerspiegeln und auch den Blick des Betrachters lenken." Das Resultat sind glückliche Besucher.

● Abbaye de Fontevraud, Rue Saint-Jean de l'Habit, Place des Plantagenêts, 49590 Fontevraud-l'Abbaye, www.fontevraud.fr

Spitzentatar

45 Einmal rund um die Place Graslin in Nantes

In der Mitte der verkehrsberuhigten Place Graslin plätschert ein Brunnen. Die Treppenstufen vor den Säulen des Théâtre Graslin sind ein beliebter Treffpunkt, seine Opern, Konzerte und Tanzstücke Highlights für Kulturfans. Tagsüber gibt es Führungen, eine Alternative, um in den großen Saal mit der bemalten Kuppel zu schauen. Graslin hieß der Steuereintreiber des Königs, der im 18. Jahrhundert Nantes Erweiterung nach Westen finanzierte. Architekt Mathurin Crucy wählte den neoklassizistischen Stil und somit auch den Look der griechischen Antike. Wer einmal um den Block geht, findet das Programmkino Katorza und ein paar beliebte Bars mit Terrassen. Eine echte Institution verlockt gegenüber vom Theater zum Schlemmen und Staunen: die Jugendstilbrasserie La Cigale, 1895 eröffnet und von dem Keramikkünstler Émile Libaudière gestaltet. Spiegel, Goldbordüren, Buntglasfenster, Mosaike und Gemälde – das Leitmotiv ist die Grille. „Ein Symbol für die Frau, eine Hommage“, meint Victor Satouf, der in dem fröhlichen Belle-Époque-Ambiente sein Glück als Kellner gefunden hat: „Wer genau hinschaut, sieht lachende Frauen, während die Männer arbeiten.“ Hier sind alle Gäste gut gelaunt, lassen sich Austern, Champagner und dreistöckige Meeresfrüchteplatten servieren. Den Rindertatar bereiten die Kellner direkt am Tisch zu. „Erst etwas Eigelb, Senf und Traubenkernöl, das die Aromen und den Geschmack nicht überdeckt“, erklärt Victor. „Verrühren und Worcestersauce, Ketchup und etwas Tabasco dazu, dann Schalotten, Petersilie, Kapern.“ Flink umgerührt, ein Lächeln, schmeckt köstlich! Um die Ecke geht es elegant weiter: in der Cours Cambronne, einem erholsamen Grünstreifen zwischen neoklassizistischen Crucy-Villen. Der Blick schweift von einer Skulptur zur anderen: der des namensgebenden General Cambronne und der eines kleinen Mädchens, das auf einen anderen, leeren Sockel klettert. Ein zeitgenössisches Werk von Philippe Ramette und ein humorvoller Beitrag zur Glückssuche.

TIPP

Frühstücken mit Flair in der Brasserie La Cigale: www.lacigale.com.

● Place Graslin, 44000 Nantes

● ÖPNV: Haltestelle Commerces, Haltestelle Copernic oder Haltestelle Saint-Nicolas

La vie en rose

46 Les Jardins de Roquelin bei Meung-sur-Loire

Von Mai bis Mitte Juni blühen im Loiretal alle Rosenarten gleichzeitig, aber noch bis August sorgen spätere Arten für Farbtupfer. Entlang der Rosenstraße Route de la Rose du Loiret wird der Traum vom *la vie en rose* gelebte Wirklichkeit. Rot- und Rosatöne, weiße und gelbe Tupfer in den öffentlichen und privaten Gärten, in Gärtnereien und bei Rosenzüchtern.

Einen Rosengarten wie aus einem Märchen schuf Stéphane Chassine, der 1998 den verfallenen Hof und das Land der Ferme du Roquelin bei Meung-sur-Loire kaufte. „Ich suchte nach einem Wohnhaus am Flussufer. Die Idee mit dem Garten kam erst später." Auf einem Hektar Feld gestaltete Stéphane ab 2002 vor dem restaurierten Bauernhaus seinen Traumgarten: Les Jardins de Roquelin. Um die 50 Rad schlagende Pfauen und freilaufende Hühner und Enten bezaubern die Besucher von Mai bis September. Wie in englischen Gärten gibt es keine geraden Wege. Stéphane hat seiner Fantasie freien Lauf gelassen – lauschige Lauben, Pergolen, verwunschene Wege, von Rosen durchflochtene Büsche und Sträucher und ein Gemüsegarten. Seine Passion sind bis zu 10 Meter hohe, alte Kletterrosensorten. Richtig viele! Die Fülle an Pflanzen lockt Vögel und Insekten an, was auch die Rosen (rund 500 Sorten!) gesund hält. Stéphane verwendet nur natürlichen Dünger und arbeitet zu 100 Prozent biologisch.

TIPP

500 Stechpalmenarten hat Stéphane im Jardin Arboretum d'Ilex gepflanzt.

Seine Leidenschaft für alte Rosen und sein grüner Daumen kommen nicht von ungefähr: 10 Jahre arbeitete er bei André Eve in Chilleurs-aux-Bois, dem seinerzeit an der Loire bekanntesten Rosenzüchter. Die Königin unter den Blumen ist – mit oder ohne Dornen – das Symbol des Glücks und der romantischen Liebe. Unter einem Glashausgerüst stehen bei Stéphane erlesene Rosen mit ihren botanischen Namen beschriftet in Töpfen zum Verkauf. Sein Traumgarten verströmt reinstes Zen-Feeling. Auf Bänken oder Stühlen mit Vintage-Flair, Fundstücken von Trödelmärkten, lassen sich bei einem Drink Inspirationen für das Glück im eigenen Garten sammeln.

● Les Jardins de Roquelin, Lieu dit Roquelin, 45130 Meung-sur-Loire, Tel. +33 (6) 70 95 37 70, www.lesjardinsderoquelin.com

Aktivistin im Mittelalter

47 Mit Jeanne d'Arc durch Orléans

In Orléans gibt es jedes Jahr ein glücklich strahlendes Mädchen, das reiten kann: die auserwählte Johanna-Darstellerin für die Fête de Jeanne d'Arc Ende April/Anfang Mai. Mit einem bis zu 10 Kilometer langen Umzug von Süden über die Brücke und die Rue Royale bis zur Kathedrale, mit Konzerten, Märkten, Spielen und Wettkämpfen feiert Orléans die Vertreibung der Engländer am 8. Mai 1429.

Von der historischen Figur bis zum politisch instrumentalisierten, nationalen Mythos hat die Erzählung von Jeanne d'Arc heute viele Lesarten. Für die Bewohner von Orléans ist sie eine der ihren. Insbesondere vielen Frauen gilt die erste Frau, die in Frankreich für die Freiheit kämpfte, als Vorreiterin für die Freiheitskämpferinnen der heutigen Zeit. Jeanne, die Tochter eines reichen Bauern, führte den Thronfolger Karl VII. an der Spitze ihres Heers zur Krönung bis nach Reims. Dazu war die Kriegerin auch noch Jungfrau und hatte die Stimmen dreier Heiliger gehört.

Jeanne d'Arc ist in Orléans auf Schritt und Tritt gegenwärtig, mal augenzwinkernd, mal imposant: als Medaillon auf dem Straßenpflaster, als Bild auf den kleinen runden Dosen mit dem lokaltypischen Quittengelee Cotignac, auf Gemälden … Von ihrer Statue auf der Place du Martroi führt die Rue Jeanne d'Arc zur Kathedrale. Pro Langseite fünf Buntglasfenster erzählen drinnen farbenfroh und dramatisch ihre Geschichte. Es macht Freude, die Details und die Kleidung zu betrachten, ihr anfangs noch langes Haar, ihre Rüstung und den späteren Knappenschnitt. Ein Gruß aus dem Mittelalter. Im Musée des Beaux-Arts nebenan glorifiziert ein Gemälde von 1887 ihre Ankunft in Orléans. Prinzessin Marie d'Orléans, eine talentierte Bildhauerin, schuf die Jeanne d'Arc-Bronze vor dem Hôtel Groslot. Die Zeiten ändern sich: Heute begrüßt die Bronze die Hochzeitspaare, die an Samstagen in Scharen herbeiströmen, um in der historischen Kulisse des ehemaligen Rathauses den Bund für eine glückliche Ehe zu schließen.

TIPP

Im Sommer ist die Kathedrale ab 23 Uhr Projektionsfläche eines Licht- und Ton-Spektakels.

● 45000 Orléans

Im Land der 3000 Teiche

48 Ausgangspunkt Maison des Étangs in Saint-Viâtre

Wald, Heideland und über 3000 Teiche prägen die Landschaft zwischen Cher und Loire, auch bekannt für das weite Jagdgebiet von König Franz I. um Schloss Chambord. Schon im 11. Jahrhundert hatten die Benediktiner in der Gegend sehr viel Land gerodet. Da der dichte Lehmboden das Wasser nur schwer abfließen ließ, nutzten sie seine natürlichen Vertiefungen, um künstliche Teiche anzulegen. So entstand die erste Fischzucht. Ganz schön schlau, da sie an über 140 Tagen im Jahr wegen ihrer Fastenregeln auf Fleisch verzichten mussten. Spünde aus Eichenholz, deren Griffe oben an kleine Kreuze erinnern, dienten dazu, ein Brett hochzuziehen und das Wasser aus dem Teich zu lassen. Ein Gitter hielt die Fische zurück, die beim Leeren der Becken zu Beginn des Winters gefangen wurden.

TIPP

In Lamotte-Beuvron erfand Stéphanie Tatin den umgekehrt gebackenen Apfelkuchen Tarte Tatin.

Ein Großteil der Teiche liegt heute zwischen Vegetation versteckt auf Privatgrundstücken. Ihre Abgeschiedenheit hat für große Biodiversität gesorgt und die Sologne zu einem Rastplatz für Zugvögel gemacht. Wer den Flickenteppich aus blau schimmernden Bassins zwischen Wäldern, Schlössern und verschlafenen Dörfern bei einer Ballonfahrt aus der Vogelperspektive betrachten kann, setzt eine unvergessliche Dosis Glückshormone frei.

Bodenständiges Glück erwartet hingegen die Besucher der Maison des Étangs in einem Fachwerkhaus in Saint-Viâtre – von April bis Oktober geöffnet. In dem pittoresken Heimatmuseum ist in Film und Ausstellung alles über die Geschichte, das Leben, die traditionellen Berufe und die Fauna und Flora zu erfahren. In einem Raum ist eine Molkerei von früher, in einem anderen die Werkstatt des letzten Seilers eingerichtet, der bis 1975 im Ort arbeitete. Die Leiterin spricht ein wenig Deutsch und hat eine Karte zur 19 Kilometer langen Route des Étangs, mit Beobachtungspunkten an zugänglichen Teichen und dem 29 Kilometer langen Radweg Sologne à Vélo. Direkt nebenan kann man den Dorfteich auf einem Öko-Lehrpfad umrunden und ist oft ganz allein in der Natur. Stilles tiefes Glück!

● Maison des Étangs, 2 Rue de la Poste, 41210 Saint-Viâtre
www.maison-des-etangs.fr

Gutenberg in Angers

49

In der Galerie David d'Angers

Die Altstadt von Angers gehört zum UNESCO-Weltkulturerbe und lässt sich leichten Fußes entdecken. Man braucht nur einer auf den Boden gezeichneten Linie zu folgen. Und kommt dann auch automatisch zur Galerie David d'Angers in der Abteikirche Toussaint, ursprünglich aus dem 13. Jahrhundert. Ihr 1815 eingestürztes Gewölbe wurde nie wieder aufgebaut. Erst ein Lost Place und seit 1984 eine mit Glas, Beton und Stahl restaurierte, lichtdurchflutete Kunstgalerie. Ausgestellt sind Gipsmodelle und weitere Werke von Pierre-Jean David, die aus dem Musée des Beaux-Arts ausgelagert wurden.

1788 in Angers geboren, lernte David bei Bildhauern und Malern in Paris und bekam 1811 den Prix de Rome, verbunden mit einem Aufenthalt in der Villa Medici. Seine typisch europäische Laufbahn, seine Begegnungen mit bedeutenden Zeitgenossen bei seinen vielen Reisen und vielen Auftragsarbeiten führten zu Werken wie Büsten von Goethe und Paganini, Medaillons, großen Skulpturen und Reliefs. So die Statue von Hans Gutenberg, Drucker aus Straßburg. Er präsentiert ein Blatt mit dem Aufdruck „Es ward Licht“ und steht auf einem Sockel, verziert von vier Flachreliefs aus vier Kontinenten. Mit langem Rauschebart und unverkennbarem Einfluss der griechischen Antike. 1830 bekam David d'Angers den Auftrag für das Giebelrelief am Pariser Pantheon, das Gipsmodell steht in der Galerie.

TIPP

Der Wandteppichzyklus aus dem 14. Jahrhundert im Schloss von Angers ist ein Highlight voller Symbolik.

Der Künstler schenkte seiner Stadt Werkstattgipse, Zeichnungen und Medaillons. Beim Betrachten der hier ausgestellten Modelle und Vorstufen seiner Originalwerke ist es fast so, als sei er selbst mit im Raum und als könnte man ihm bei der Arbeit über die Schulter schauen. In dieser Kirchenruine geht noch Unvollendetes eine anregende Verbindung ein. Kulisse und Werke wirken so, als hingen kreative Möglichkeit und Entwicklung in der Schwebe, angehalten durch eine imaginäre Stopptaste. Zum Anschauen und Begreifen. Kunst und Zeitgeschichte einmal ganz anders erzählt, bei natürlichem Licht betrachtet. Das ist faszinierend und selten.

● Galerie David d'Angers, 33 Rue Toussaint, 49100 Angers
www.musees.angers.fr/lieux/galerie-david-d-angers

Badeort der Belle Époque

50 Wellness und Fischerhütten am Strand von Pornic

Pornic lebt mit den Gezeiten. Bei Ebbe stecken die Boote im Hafen des Atlantikarms, der sich bis ins Ortszentrum erstreckt, im Schlick. Schon im 19. Jahrhundert kam der Ort mit dem keltischen Namen südlich der Loire-Mündung als Badeort in Mode und gilt bis heute als „Strand von Paris". Pornic ist weitläufig und hat viele Gesichter – mondäne und wild-romantische. Es ist eine Wellness-Oase für Verträumte: gesunde, jodhaltige Luft, schicke Belle-Époque-Villen, von den Bewohnern liebevoll die „Küstendamen" genannt, und herzhafte bretonische Galettes. Die Dachterrasse der angesagten Brasserie Marius ist ein beliebter Spot für einen Cocktail mit Blick über den Meeresarm. Ab der Eisdiele und Crêperie La Fraiserie beginnt der Fußweg Richtung Burg und Jachthafen – dahinter ein Sandstrand vor dem offenen Meer. Die Schlange vor der Eisdiele verrät: Sie ist ein Glücksort. Besonders begehrt ist das Erdbeereis und -sorbet, die Erdbeeren stammen von den Feldern der Inhaber.

TIPP
Traumhafter Blick vom Dach über den Hafen aus der Brasserie Marius: www.marius-pornic.fr

Flaneure und Romantiker lockt es an die andere Seite der Ria über den Hügel bis an die kleine Plage de la Source, einen Sandstrand zwischen Felsen. Besonders romantisch ist es hier bei Sonnenuntergang, wenn sich die Fischerhütten wie Schattenrisse vor dem violetten Himmel abzeichnen. Die Pfahlbauten, die auf hohen Stelzen stehen, zählen zu den Wahrzeichen der Jadeküste und machen heute vor allem als Fotomotive glücklich. Sobald sich die Flut zurückzog, hievten die Fischer hier einst ihre viereckigen Netze an einer Seilwinde hoch. Dabei schlossen sich die Netze über dem Fang – Seezungen, Meeräschen, Schollen und Krabben. Am Fußweg entlang der Küste sind sie eine traumhafte Kulisse.
Oberhalb des Strands erwartet Gäste eine Wellness-Oase: das Hotel Alliance Pornic. Restaurantterrassen mit Meerblick, ein Algenbad als Anwendung oder ein paar entspannende Stunden Verwöhnung im Thalasso & Spa beglücken zu allen Jahreszeiten.

● Plage de la Source, 44210 Pornic

Gigantisch

51 Superlative in Schloss Chambord

Gustave Flaubert, bekannt als Autor von „Madame Bovary“ und Vordenker seiner Zeit, unternahm mit seinem Freund Maxime du Camp eine Rucksackwanderung. 1881 erschien ihr gemeinsames Werk „Über Felder und Strände“. Chambord beschreibt er als „ruinierteste Bauruine“, die sie durch „dumpfe Landschaft“ erreichten, über einen „langen Sandweg“ durch „lichten Wald“, ein Schloss ohne Garten oder Park, „keine einzige Blume rundum“. Innen leere Galerien und verlassene Räume, in denen „Spinnennetze die Salamander von Franz I. überziehen“.

Der Park um Chambord ist so groß wie Paris und das Schloss mit 440 Zimmern das größte an der Loire. Heute erstrahlt es wieder glanzvoll, wird geführt wie ein biodiverses Öko-Unternehmen und begeistert Besucher auf vielfältige Weise. König Franz I. ließ es ab 1519 erbauen, inspiriert von den Ideen Leonardo da Vincis, den er nach Amboise holte. Sein Jagdgebiet umschloss eine 32 Kilometer lange Mauer. Seit 1930 gehört das Schloss dem Staat, der dafür sorgt, dass hier heute wieder echte Glücksgefühle aufkommen. Die Fantasie beflügelt der restaurierte Turm mit der doppelten Wendeltreppe, Architekturwunder der Renaissance, Wahrzeichen Franz I. als Kunstmäzen und auch Inbegriff des Versteckspiels koketter und intriganter Höflinge. Wer bis aufs Schlossdach mit den 365 Kaminen gelangt, kann sich wie die Hofdamen fühlen, die von hier die beste Aussicht auf die Treibjagd hatten.

Im Herbst röhren im Park die Hirsche. Seine Weite und der Blick auf die Sichtachsen der englischen und französischen Gärten offenbart sich bei einer Jeep-Tour, bei einer Bootsfahrt auf dem Cosson-Kanal oder mit einem Leihfahrrad. Es gibt Reiterspiele und einen Hofladen mit Bioprodukten aus den eigenen Gärten, mit Birkensaft, Honig, Kosmetika und Weinen aus eigenem Anbau. Der Wald liefert Eichenholz für Weinfässer, das Schloss hat eine Schafzucht. Weltklasse. Echte Größe in jeder Hinsicht weckt Begeisterung, zieht staunende Besucher in ihren Bann, so wie Franz I. es sich gewünscht hätte.

TIPP

Beim Festival von Chambord im Juli wird das UNESCO-Welterbe-Schloss zur Konzertkulisse.

Château de Chambord, 41250 Chambord, Tel. +33 (2) 54 50 40 00
www.chambord.org/de

Bühnenreif

52 Mode und Hüte von Efti Cianko in Blois

Vom Portal der Kirche Saint-Nicolas, einem Musterbeispiel romanischer Baukunst in der an die Loire grenzende Unterstadt von Blois, grüßen zähnebleckende Monster an Säulen und Kragsteinen aus dem Mittelalter. Oberhalb geht es durch die Rue Saint-Lubin leicht bergan Richtung Schloss. Fachwerkhäuser aus der Renaissance lassen den Blick wandern, hübsch restauriert, die langen senkrechten Holzbalken in Gelb-, Senf- und Hellbrauntönen gestrichen, manch ein Giebel schon etwas windschief.

Hier im Quartier des Arts haben sich nette Restaurants und Kreative angesiedelt. Moment mal, hängt da nicht das Disney-Kleid von Cinderella? Und ach, diese Hüte – das Schaufenster von Nummer 50 lässt so manches Herz vor Glück schneller schlagen. Nur herein, hier darf man sich umsehen. Ein Gewand mit Pelzkragen (etwa Hermelin?), ein im Rücken geschnürtes Ballkleid, die aufgenähte Dienstbotenschürze – all diese Outfits hat die Modedesignerin Efti Cianko kreiert oder wieder ins Leben gerufen. „Das Nähen habe ich von meiner Mutter gelernt", erzählt die Autodidaktin. Sie hat Jura studiert und ist 2015 dann doch ihrer Passion gefolgt, einer eigenen Boutique mit Nähatelier. „Kino und Theater inspirieren mich, aber ich recherchiere auch viel für originalgetreue historische Kostüme." Zu ihren Auftraggebern gehören das Maison de la Magie und Schlösser wie Blois oder Chambord. Aber der Laden führt auch dezente Hüte und erschwingliche Halstücher und Kleider.

TIPP

Ein Gästezimmer in schöner Lage an der Loire: La Perluette (www.laperluette.fr).

Ihr glückliches Händchen für Hüte verdankt sie ihrer Ausbildung im Musée du Chapeau in Chazelles-sur-Lyon und ihrer Vorgängerin Véronik Ernest. Bei der Hutmacherin lernte Efti ein Jahr und 2019 kaufte sie ihr den Laden ab. Von dem Pelzexperten Alain Talbo, der ebenfalls zumachte, ließ sie sich in die Geheimnisse der Materie Pelz einweisen. Das Département und die Handelskammer verliehen ihr bereits mehrere Preise. Efti hat ihren Traumberuf verwirklicht. Und das strahlt jedes Einzelstück ihrer Sommer- und Winterkollektion aus.

● Efti Cianko, 50 Rue Saint-Lubin, 41000 Blois, Tel. +33 (2) 54 78 78 08

Savoir-vivre

53 Im Schlossweinkeller von Amboise

Noch historischer kann ein Weinkeller kaum liegen. Die Eichenfässer, Amphoren, das Beton-Ei mit 800 Litern Sancerre und die Flaschen der Caves Ambacia lagern in Tuffsteingalerien an der Loire, dem Lieferweg früherer Zeiten. Mehrere Winzer gruben sie im 15. Jahrhundert in den Felsvorsprung unterhalb von Schloss Amboise, als König Ludwig I. den Weinhändlern aus Tours befohlen hatte, die Weine aus Amboise bevorzugt zu verkaufen und an seinen Tisch bei Hof zu liefern. Sie waren ihm von allen am liebsten.

Pascal Mineau, heutiger Besitzer des einstigen Schlossweinkellers, hat ein Faible für französische Kultur und Gastronomie. Der in Tours geborene, passionierte Unternehmer arbeitete 30 Jahre lang als Sommelier und im Management mehrerer renommierter Sternerestaurants. Mit der Vielfalt der Weine im Anbaugebiet Centre/Val de Loire kennt er sich aus. Sein Konzept ist gut: Sein Bistro L'Oppidum, ein nettes Terrassenbistro mit Loire-Blick, ist schon für sich allein ein Glücksort. Plus Shop für Weine und frische Biolebensmittel in der Tuffsteinhöhle dahinter. Besucher können auf einem önologischen Höhlenspaziergang Weine aus der Region Val de Loire entdecken, erschnuppern und sich kaum sattsehen an der stimmungsvoll beleuchteten Höhlenkulisse und den 3-D-Videos. Es gibt auch eine Führung mit Degustation.

„Ich arbeite wie ein Verleger", sagt der höchst qualitätsbewusste Pascal Mineau, der die Parzellen seiner Winzer nach strengen Qualitätskriterien auswählt und ihre Weine dann weiter ausbaut. Zuerst waren es fünf, in Amboise, Montlouis, Chinon, Vouvray und Bourgueil. Probieren geht über Studieren und den Sommeliers im Laden kann man Fragen auf Englisch stellen. Das ist aber noch nicht das ganze Glück. Seine „Gefühlsweine", etwa zum eigenen Geburts- oder Hochzeitsjahr, verdankt Mineau der ab 1874 angelegten Sammlung historischer Weißweine aus Vouvray, die er von den Vorbesitzern übernahm, einer renommierten Weinhändlerfamilie in fünfter Generation. Na dann: Prost!

● Caves Ambacia, 56 Rue du Rocher des Violettes, 37400 Amboise, Tel. +33 (2) 47 57 20 77, www.caves-ambacia.fr

AMBACIA

Ponte Vecchio am Cher

54 Durch die Galerie von Schloss Chenonceau

Eine Bank, ein Waldweg am Fluss Cher, weiße Bögen, Türmchen, das Spiegelbild im Wasser. Raschelnde Blätter, leichter Wind kräuselt den Fluss. Ab und zu kommen Radler oder Spaziergänger vorbei, halten an, fotografieren, genießen den Blick. Bewohner führen ihre Hunde aus, atmen die milde Luft, beobachten die Ausflugsboote und die Stand-up-Paddler, die sich einen Spaß daraus machen, die Bögen der Schlossgalerie zu durchqueren.

Um Schloss Chenonceau ganz in Ruhe und kostenlos von der gegenüberliegenden Flussseite zu genießen, verlässt man den kleinen Ort Chenonceaux, überquert die Cher-Brücke, geht rechts und hinter einem Parkplatz einen guten Kilometer durch den Wald.

Wer sich dem berühmten Schloss der Frauen auf dem Wasser nähern möchte, begibt sich zur Bootsbasis von La Bélandre in Chisseaux. Auf derselben Flussseite wie Chenonceaux legen vor dem Café auf dem Steg Ausflugsboote ab. Noch romantischer ist die Fahrt mit einem E-Boot. Dann steuert man selbst beinahe lautlos durch die eleganten Bögen, die seit über 5 Jahrhunderten das Symbol starker Frauen sind.

Katherine Briçonnet, Ehefrau von Thomas Bohier, Finanzprüfer unter Franz I., ließ hier als Erste eine Burg mit befestigter Mühle zu einem venezianischen Palazzo ausbauen. Heinrich II., der Sohn von Franz I., schenkte das Schloss seiner Geliebten Diane de Poitier, Bauherrin der Brücke über den Fluss. Heute wirkt die Galerie der Royals aus der Renaissance wie eine veredelte Ponte Vecchio. Katharina von Medici, die Chenonceau nach Heinrichs Tod bezog, ließ die erste Etage der Brücke zu der heutigen Galerie aufstocken. Seit 1913 gehört das Schloss der Schokoladenfabrikantenfamilie Menier, die es im Ersten Weltkrieg in ein Krankenhaus verwandelte. Simone de Menier, hier selbst Oberschwester, verhalf im Zweiten Weltkrieg durch die Galerie von den Nazis verfolgten Menschen zur Flucht. Am anderen Cher-Ufer begann Frankreichs nicht besetzte, freie Zone. Zum Glück gibt es das Schloss der starken Frauen!

TIPP

Im Schlossweinkeller kann man die hauseigenen Weine der AOC Touraine-Chenonceaux verkosten.

● La Bélandre, 10 Rue de la Plage, 37150 Chisseaux, Tel. +33 (2) 47 23 98 64
www.labelandre.com

Flusspanorama

55 Candes-Saint-Martin: „schönstes Dorf Frankreichs“

Radler auf dem Radweg La Loire à Vélo und Pilger auf dem Jakobsweg nach Santiago de Compostela kommen durch die noch immer mittelalterlich anmutende Hauptstraße aus weißen Tuffsteinhäusern. Ab und zu fährt auch eine Ente durch Candes-Saint-Martin, nicht nur dem Label nach eines der „schönsten Dörfer Frankreichs“. Im Juni tragen die Blüten von Stockrosen zum nostalgischen Charme bei, hier ein weißer, dort ein roter, violetter oder gelber Farbklecks. Unten fließt parallel die Loire, Holzboote treiben an Sandbänken vorbei. An der Mündung der Vienne ist sie besonders breit und die Strömung stark. Auf dem Kirchplatz bieten Restaurantterrassen Erfrischung. Die Wallfahrtskirche Saint-Martin am Zusammenfluss von Loire und Vienne ist nicht irgendeine; ihr helles Säulenportal ist ein Blickfang: Neben Aposteln und Heiligen bezaubern die Skulpturen von Blattmasken – hier und da lugt ein „Gesicht“ zwischen den in Stein gehauenen Blättern hervor. Faszinierend. Sie sind typisch für England und Heinrich II. von England soll die Kirche auch gestiftet haben. Benannt ist sie nach dem heiligen Martin von Tours, der oft nach Candes kam, sich im hiesigen Kloster entspannte, eine erste Dorfkirche gründete und 387 in Candes starb (Glücksort 20).

Ein paar Schritte hinunter steht linker Hand die Villa des Komponisten Henri Dutilleux (1916–2013) an der Loire. Mit etwas Glück erlebt man ein Konzert der Musikerresidenz. Der Komponist und seine Frau liebten Rosen, deshalb klingen die Namen der Sorten in dem wunderschönen Rosengarten wie Musik. Ein wahrhaft idyllischer Ort am Fluss, um Energie zu tanken.

Das Schloss hoch über dem Ort ist heute ein Hotel mit Spa. Im Schlosspark gibt es einen Street-Art-Parcours zwischen altehrwürdigen Bäumen und viele Events. Für ein Picknick mit weitem Ausblick über das Weingebiet des Anjou und den Zusammenfluss folgt man einer mit „Panorama“ ausgeschilderten Landstraße oben auf dem Hügel über dem Dorf. Und genießt die traumhafte Aussicht.

● 37500 Candes-Saint-Martin

GAZELLE

Ausguck der Könige

56

Die Festungs- und Weinstadt Chinon

Hoch über der Vienne erstreckt sich auf einem Felssporn die Festung von Chinon. Anfang August lebt hier bei einem fünftägigen Fest bei Reiterspielen das Mittelalter wieder auf. Den Rest des Jahres stehen auf der Wiese Liegen unter Bäumen und das Panorama ist wundervoll – es reicht über die Schieferdächer und Kirchtürme von Chinon tief unten bis zu den Holzbooten auf dem Fluss oder in die Weinberge direkt hinter den Festungsmauern.

Vor dem oberen Eingang laden Winzer in ihre Weinkeller ein. Die AOC Chinon aus der Rebsorte Cabernet Franc gehört neben Bourgueil und Saint-Nicolas-de-Bourgueil zu den besten Loire-Weinen. „Trinkt jeden Tag und ihr werdet nicht sterben", schrieb der in der Nähe geborene Mediziner, Philosoph und Satiriker Rabelais. Schon in der Antike und bei den Römern besiedelt, entstanden im 12. Jahrhundert Burg und Kirche von Heinrich II. Plantagenet, dessen Imperium von Schottland bis zu den Pyrenäen reichte. Nach neunmonatiger Belagerung übernahm im 13. Jahrhundert Philipp II. August aus der französischen Dynastie der Kapetinger.

Schon ein Blick in den tiefen Trockengraben um den höchsten Turm ist imposant – in diesen Höhen floss niemals Wasser in den Burggräben. Innen im Turm ließ König Philippe le Bel einen der letzten der verfolgten Tempelritter und sein Gefolge einsperren. In der Wartezeit auf das Verhör durch den Papst in Chinon hinterließen sie der Nachwelt in die Mauern geritzte Graffitis – Kreuze, Lanzen, Engel, Helden mit Heiligenscheinen.

Die kleine historische Stadt zu Füßen der Burg verströmt viel Flair, ein Spaziergang zur Kirche Saint-Maurice führt an imposanten Fachwerk- und Herrenhäusern vorbei. Zum Glück gibt es vor dem unteren Burgtor einen kostenlosen Aufzug hinunter, in den auch Fahrräder passen. Unten landet man quasi direkt vor einem Glücksort, einem urfranzösisch gemütlichen Platz unter Platanen. Die Restaurants und Bars servieren gern ein Gläschen Chinon. Im Lokal A la Pause Rabelaisienne steht auch Coq au Vin auf der Speisekarte.

TIPP

Ein Leihrad bis Chinon oder Ausflüge per Kanu gibt es bei www.chinon-canoe.fr.

Forteresse Royale de Chinon, 2 Rue du Château, 37500 Chinon
www.forteressechinon.fr

Grüne Passion

57 Jungle Intérieur des Künstlers Evor in Nantes

Mitten im Quartier Bouffay zwischen den Shoppingadern von Nantes führen in der Passage Bouchaud ein paar Treppenstufen zu einem Belvedère. Auf drei Etagen eines Innenhofs klettert die Vegetation vertikal die Wände hoch und über mehrere Dächer – Glyzinien, Kletterrosen, Lianen. Es duftet, die Luft ist frisch – es ist ein Ort zum Träumen.
„Ich erinnere mich an die ersten Seeleute, die Palmen mitbrachten", sagt der Künstler Evor, der das Haus, in dem er heute Mieter ist, während seiner Studienzeit an der École des Beaux-Arts in den 1990ern zuerst besetzte. Ob invasiv oder nicht: Viele seiner Arten aus anderen Kontinenten sind bereits an den Klimawandel angepasst. Zwischen Betonwänden und dem Renaissanceturm der Kirche Saint-Croix erobert sich die Natur ihr Recht zurück. Ab und zu rauscht eine Straßenbahn vorbei oder das Läuten der Kirchenglocken mischt sich zwischen das Summen der Insekten, Vogelgezwitscher oder den Flügelschlag einer Taube.
„Anfangs habe ich nur ein paar Töpfe aufgestellt", erzählt Evor. Sein fiktives Pflanzenreich wuchs in Kooperation mit der städtischen Organisation Voyage à Nantes ab dem Jahr 2019 als permanentes Kunstwerk an einem Parcours, den Besucher entlang einer grünen Linie auf der Straße entdecken können. Der „inklusive" Garten ist seine Passion. „Hier zeige ich meine beste Seite, ohne mich zu zeigen", sagt Evor augenzwinkernd. Besucher dürfen nur schauen, sich inspirieren lassen, wie es möglich ist, auch in der Stadt wieder mit der Natur zu leben. Vielleicht schaukelt der Künstler gerade in einer Hängematte oder sitzt im Schatten der dichten Pflanzendecke, doch von außen sieht man weder ihn noch das Making-of seines Werks.
Die Stadt liefert das Substrat, das die Feuchtigkeit der Tröpfchenbewässerung gut speichert. Was wie ein Dschungel aussieht, ist bis ins Detail kreativ durchdacht. Anders als etwa in einem der öffentlichen Gemüsegärten oder Parks geht es im Jungle Intérieur bei Evor vor allem um Ästhetik und Lebensart.

TIPP

Über 50 Kunstwerke im Stadtgebiet lassen sich entlang der grünen Linie erkunden.

● Jungle Intérieur, Passage Bouchaud, 44100 Nantes

Kescher ins Meer

58

Meeresfrüchte satt in Saint-Jean-de-Monts

In der Region Vendée südlich der Loire-Mündung in den Atlantik ist richtig, wer Fisch und Meeresfrüchte mag und sich gern an frischer Meeresluft bewegt. Nach dem Vollmond und einer Springflut ist schon vom Dünenweg ab dem Strandparkplatz vor der Plage du Pont d'Yeu in Saint-Jean-de-Monts zu sehen, wie die Ebbe eine Sandbank freigibt. Wie eine Brücke scheint sie sich auf die Île d'Yeu zuzubewegen. Die Ufer der beliebten Ferieninsel 20 Kilometer vor dem Festland schillern in der Ferne.

Mit Eimern, Körben, Schaufeln und Messern stehen die Menschen am Strand und können das Niedrigwasser kaum mehr abwarten. Sie möchten losmarschieren und Taschenkrebse, Herz- und Venusmuscheln und Strandschnecken sammeln. Yohann Fradin hat Salz im Korb. „Wenn ich Salz streue, kommen die Rasiermessermuscheln hoch. Sie stecken tiefer im Schlick", erklärt er. An diesen besonderen Tagen ist es ihm schon oft gelungen, auf der Pont d'Yeu Meeresfrüchte für bis zu 4 Tage zu sammeln. 4 Kilometer weit geht es bei Ebbe maximal zu Fuß ins Meer hinaus, bis zu der Stelle, wo ein norwegisches Schiffswrack auf dem Meeresgrund liegt, das hier 1905 kenterte. Bei der „Brücke" hat der Legende nach der Teufel seine Hand im Spiel.

Yohann rät zu Vorsicht: „Die Muscheln und der harte Grund schneiden in die Füße und man darf nicht zu lange bleiben, denn dann kommt die Flut." Das rot-weiß gestreifte Schild am Strand weist die Richtung für den Rückweg an Land. An der Avenue de la Mer von Saint-Jean-de-Monts sind einige Häuser aus dem Kalksandstein erbaut, der noch im 19. Jahrhundert an der Pont d'Yeu aus dem Steinbruch im Meer abgebaut wurde. Auch wenn sich keine Sandbank zeigt: Über den Strand wandern täglich Fischer mit großen Keschern. Und es gibt eine 400 Meter lange Seebrücke, von der man den Strand gut beobachten kann. Aber Mangel an Meeresfrüchten herrscht in dieser Gegend nicht einmal nachts. Beim Austernhändler Les Huîtres du Cap Horn in La Barre-de-Monts bekommt man frische Austern aus dem Automaten.

TIPP

In einer Ökovilla oder im Zelt übernachten: Camping La Forêt (www.hpa-laforet.com/de).

● 85160 Saint-Jean-de-Monts, www.paysdesaintjeandemonts.fr

Nackte Kunst und Schätze

59

Das Musée des Beaux-Arts in Tours

Dieses Museum für Schöne Künste gewinnt jedes Kunstliebhaberherz. Es zog 1910 in Tours früheren Bischofspalast ein, erbaut auf den Fundamenten der gallorömischen Stadtmauer aus dem 4. Jahrhundert. Im Hof spendet eine uralte Libanonzeder Schatten, umgeben von Buchsbaum und Eiben im typischen Formschnitt des französischen Gartens. Das Treppenhaus voller Gemälde, das Parkett, die hohen hellen Säle – alles hier verströmt die Eleganz der Paläste des 17. und 18. Jahrhunderts, vereint mit der Modernität eines hochkarätigen Kunstmuseums. Hellblau, rot, hellgelbe Mustertapete – farbenfrohe Wände bringen die Hängung optimal zur Geltung. Eine dezente Mischung aus Mobiliar, Skulpturen und Gemälden sorgt für Abwechslung.

Beim Durchschreiten der Säle stellt sich wachsende Neugierde ein. Der zeitliche Bogen spannt sich von italienischen Renaissancemalern wie Andrea Mantegna, Lippo Vanni und Naddo Ceccarelli, wahren Schätzen sakraler Kunst bis zu den großformatigen Abstraktionen von Olivier Debré (Glücksort 8) in den zeitlosen Loire-Farben. Hier gibt es Werke von Degas, Rubens, Rembrandt, Delacroix und Bourdelle zu entdecken. Die ältesten Werke stammen aus Kirchen, Klöstern und Schlössern, die sie während der Französischen Revolution abgeben mussten, darunter die von Bischof Martin gegründete Abbaye de Marmoutier und das Château de Chanteloup. Es folgten Spenden, Nachlässe und Käufe.

Glück und Erotik zählen durchaus zur Thematik, was Besuchern schon immer große Freude bereitete. So hat die Museumsleitung den Brief eines Priesters aufbewahrt, der sich darüber freute, Houdons Skulptur der Jägerin Diane hier nackt betrachten zu können, während das Geschlecht bei der Variante im Louvre abgedeckt sei. Die komplizierte Liebe der Nymphe Sylvie und des Schäfers Aminte wurde zur Barockzeit zu einer Oper, in der Madame Pompadour die Sylvie spielte. Eins der vier lebensfrohen bukolischen Gemälde von François Boucher gehört dem Museum. Ein Haus der Kunst, das große Begeisterung weckt. Chapeau!

● Musée des Beaux-Arts, 18 Place François Sicard, 37000 Tours, www.mba.tours.fr

Genie der Renaissance

60 Leonardos Atelier im Schloss Clos Lucé

Im Park von Schloss Clos Lucé hängen die Mona Lisa und die Ginevra de Benci wie durchsichtige Transparente zwischen den Bäumen. Alle fünf Brücken, die das Universalgenie entwarf, und einige seiner interaktiven Maschinen sind nachempfunden. Handwerker bauten im Park nach Originalskizzen ein Holzmodell der Brücke nach, die Leonardo da Vinci für Sultan Bayezid II. von Konstantinopel zeichnete. Mit 360 Meter Spannweite sollte sie über den Bosporus reichen. Aus dem Wasser steigt Nebel auf und es scheint einen Moment lang, als materialisiere sich der Geist des Genies. Die mystische Installation spielt auf die Sfumato-Technik an, deren vielschichtige Glasuren Leonardos Ölbilder so mysteriös machen. Wie hinter einem Rauchschleier gehen die Konturen fließend weich ineinander über. Helles wird einen Hauch dunkler, Dunkles heller.

Anatom, Naturbeobachter, Ingenieur, Erfinder und Stadtplaner – in Leonardos Kopf hatten Grenzen ganz klar keinen Platz, was dem Kunstmäzen und Gigantomanen Franz I. bestimmt gefiel. 1516 brachte er da Vinci und seinen Schüler Melzi, die zu Fuß mit drei Bildern im Gepäck aus Italien ankamen, im Schloss Clos Lucé unter. Hier hatte Franz mit Schwester Margarete von Navarra und Mutter Luise von Savoyen einen Teil seiner Jugend verbracht und jetzt wohnte er nebenan im Königsschloss Amboise hoch über der Loire.

Die Ateliers, in denen Leonardo in seinen letzten 3 Lebensjahren arbeitete, sind heute authentisch restauriert. Auf den Tischen Pinsel, Pigmente, Messinstrumente – Höhenmesser, Lot, Setzwaage und Kompass, die er selbst erfunden hatte. Er wäre sicher glücklich, könnte er in der 2021 eröffneten Galerie den Palast in 3-D sehen, den er für Franz I. in der idealen Stadt Romorantin auf dem Papier geplant hatte. Im Videospiel können Besucher sie heute selbst bauen. Und die 17 von Leonardo erhaltenen Gemälde lassen sich bei einer Projektion auf die vier Wände einer virtuellen Galerie viel größer und näher betrachten als im Louvre oder in Washington.

● Château de Clos Lucé, 2 Rue du Clos Lucé, 37400 Amboise, Tel. +33 (2) 47 57 55 78
www.vinci-closluce.com/fr

Im Architekturhimmel

61

Das FRAC Centre-Val de Loire in Orléans

Für Liebhaber von Architektur, Design und Moderner Kunst hat Orléans eine Top-Adresse: das FRAC (Fonds Régional d'Art Contemporain). An diesem Ort der Begegnung und des Austauschs, der auch Schauplatz für Orléans Architekturbiennale ist, kann man im Juli mit etwas Glück Open-Air-Kinoabende miterleben. Vor der historischen Kulisse eines ehemaligen Militärgebäudes scheint mit dem modernen Ergänzungsbau aus Aluminium und Beton ein Ufo mitten in einem ruhigen Wohnviertel gelandet zu sein, das auch noch wetterfühlig ist. Das Mini-Guggenheim der Pariser Agentur Jakob + MacFarlane von 2013 lässt Fotografenherzen vor Glück hüpfen. Auch weil seine Lichthaut aus Hunderten Dioden das Gebäude mit dem vielsagenden Namen „Turbulenzen" je nach Wind, Wetter und Lichtverhältnissen anders leuchten lässt. Sie verändert sich, zum Beispiel wenn Wolken vorbeiziehen oder bei Einbruch der Dunkelheit. Eine Idee des Künstlerduos Electronic Shadow (Naziha Mestaouie und Yacine Aït Kaci). Davor stehen Designermöbel aus Cortenstahl. Die Rezeption ist Buchhandlung und Cafeteria in einem.

Regionalfonds (FRACs) entstanden in Frankreich im Rahmen der Dezentralisierung in den 1980ern. Die Kunst- und Architektursammlung des Centre-Val de Loire umfasst 20.300 Werke von 474 internationalen Künstlern von 1950 bis heute: Zeichnungen, Skulpturen, Modelle, Fotografien und Installationen. Inspirierende kostenlose Wechselausstellungen bringen stets eine Auswahl zur Geltung, etwa digitale Kunst und utopische Architekturmodelle für neuen bewohnbaren Raum, wie die auf dem Wasser schwimmenden zylindrischen Kugeln eines Guy Rottier (Indonesien/Frankreich 1922–2013) oder die Ideen des Italieners Luca Galofaro zum Leben der Menschen auf dem Mond. Das Werk P-Wall wiederum hat die Agentur Matsys extra für das Gebäude Les Turbulences geschaffen. Die Wand mit 34 Betoneinheiten scheint zugleich dünner Stoff und harte Mauer zu sein. In Orléans FRAC kommen moderne Glücksgefühle auf.

TIPP

Orléans Museum für Schöne Künste zeigt etwa 700 Werke europäischer Meister.

- FRAC Centre-Val de Loire, 88 Rue du Colombier, 45000 Orléans
www.frac-centre.fr
- ÖPNV: Hbf. Orléans, von dort 15 Minuten zu Fuß

Traum einer Prinzessin

62

Die Kunstsammlung auf Schloss Chaumont

Im Schloss Chaumont arbeiten jedes Jahr 15 internationale Künstler, inspiriert von der Magie des Ausstellungsorts – der historischen Küche, der Kapelle, dem Bauernhof, der Bibliothek oder dem traumhaften Schlosspark hoch über der Loire. In den zehn Sälen der Galerie war 2023 zur Wiedereröffnung nach der Restaurierung eine Ausstellung mit großer Anziehungskraft zu sehen – 274 Gravuren und Lithografien, die der belgische Künstler Pierre Alechinsky dem Schloss auslieh. Jedes Jahr gibt es Neues zu entdecken, einige Kreationen bleiben, manche Künstler wie Pascal Convert kommen mit neuen Projekten wieder. Bob Verschuerens Installation „Le clan des voltigeurs", in der Vögel nisten können, verbleibt im Park. Die „Sculptures végétales" von Bernhard Schultze (1915–2005) hängen im Turm der Diane.

Gemeint ist Diane de Poitiers, der das Schloss gehörte, nachdem Katharina von Medici sie aus Chenonceau vertrieben hatte. Die letzte Besitzerin war bis 1938 Marie-Charlotte-Constance Say. In das Schloss schockverliebt, kaufte die Erbin der Zuckerraffinerien Say es 1875 und heiratete noch im selben Jahr ihren Prinzen Henri-Amédée de Broglie. Mit 17 Jahren. Fließendes Wasser, Strom, eine Fußbodenheizung und der berühmte Pferdestall, in dessen Sattelkammer Hermès-Leder den Ton angibt, gehen auf ihre Glanzzeit zurück. Das reiselustige Paar baute eine wertvolle Kunstsammlung auf, empfing Künstler und Musiker und ließ das Schloss besichtigen, wenn es unterwegs war. Dank einer historischen Restaurierung ab 2007 gilt Chaumont als bestmöbliertes Loire-Schloss. Zur heutigen Kunstsammlung gehört ein Porträt jener Prinzessin, die vom indischen Maharadscha von Kapurthala eine Elefantin geschenkt bekam. Ihr Prinz starb 1917, beim Börsencrash 1929 verlor sie ihr Geld und heiratete 1930 den 31 Jahre jüngeren Louis-Ferdinand d'Orléans. Das Porträt, auf dem sie glückliche 24 Jahre alt ist, malte Carolus-Duran 1881. Ihre Kunstpassion wird im Schloss und im Park weitergelebt, ein großes Glück für jeden Besucher. Hierher kommt man gerne wieder.

TIPP

Schön wohnen im nahen Wasserschloss Les Douves mit Kunstgalerie und Konzertprogramm: www.lesdouvesonzain.fr.

● Domaine Régionale de Chaumont-sur-Loire, 41150 Chaumont-sur-Loire, Tel. +33 (2) 54 20 99 22, www.domaine-chaumont.fr/de

Das ganze Glück im Park

63

Les Jardins de la Javelière in Montbarrois

Sie ist Naturwissenschaftlerin, er unter anderem Kunsthistoriker und eher der praktische Typ, der Gartenarbeit liebt. Zusammen sind sie viel gereist und haben sich von Gärten in Italien über England bis Japan inspirieren lassen. Seit 1992 sind Patrick Masure und seine Frau im Loiret die glücklichen Besitzer des Gutshauses La Javelière, das sie zu einem schlossartigen Anwesen restauriert haben. Ihren 4 Hektar großen Park teilen sie mit Besuchern, eine bekannte Adresse an der Route de la Rose mit dem Label „Jardin remarquable" („bemerkenswerter Garten").

Vom italienischen Garten mit Statuen, Terrassen, Sichtachsen und Brunnen direkt hinter dem Haus spaziert man durch einen Palmengarten, an den sich Anfang Juli ein Blütenmeer aus Rosen anschließt. Blüten in Hülle und Fülle, elegant in homogenen Farben. Damit alles sanft und harmonisch wirkt, hat Patrick hier auf rote, orange und gelbe Sorten verzichtet. Durch den japanischen Garten weiter oben plätschert ein Bach und in der Brise rascheln Ahornblätter. Dies ist Patricks Lieblingsort, aber er fühlt sich überall wohl, wo er gerade wieder etwas Neues pflanzt. Eine Bank steht an einer Stelle, die im April zur Narzissenblüte besonders beglückt.

Die Parkomanie, die nahezu närrische Versessenheit auf Parkgestaltung, wie ein Fürst Pückler, ein Charles Hamilton in Surrey oder ein Jacques Garcia auf Sizilien zeigen, kann Patrick gut nachvollziehen. Für sein Buch „Cher Jardin" mit dem Untertitel „Wenn der Garten in den Ruin führt" bekam er einen Literaturpreis. Wie im Garten Monets geht man unterhalb des Anwesens auf die andere Straßenseite und entdeckt eine Naturlandschaft mit über 300 Rosensorten um einen Teich, den Patrick angelegt hat. Seine Wildrosensammlung trägt das Label des CCVS (Conservatoire des Collections Végétales Spécialisées). Ein Glücksort, um zu staunen, die frische Landluft zu atmen und in aller Stille die Spiegelungen der Natur zu genießen.

TIPP

Klasse Infos: „Wildrosen: 500 Arten, Varietäten und Hybriden der ganzen Welt" von Patrick Masure.

Château de la Javelière, 10 Route de la Javelière, 45340 Montbarrois, Tel. +33 (6) 72 26 00 70, www.lajaveliere.fr

Alles im Fluss

64 Bens Fondation du Doute in Blois

„On est tous des génies de bistrot" – „Wir sind alle Bistro-Genies", so steht es Weiß auf Rot handgeschrieben über der Bar des Cafés Le Fluxus. Ein Synthesizer, Vintagemöbel, Sprüchetafeln an den Wänden, Performances, Konzerte und Eat Art, wie Daniel Spoerri sie sich vorstellte, der das Essen zum Kunstwerk erhob. Konzept und Einrichtung des Cafés der Fondation du Doute stammen von Ben. In Blois ist er bekannt und sein ganzer Name Benjamin Vautier (geb. 1935) daher selten zu hören. Der Vertreter der Fluxus-Bewegung, die in den 1960ern nach dem Dadaismus den herkömmlichen Kunstbegriff infrage stellte und das ganze Leben zu Kunst erklärte, hatte in Nizza einen Plattenladen, dessen beschriftete Fassade später im Centre Pompidou zu sehen war. Bens Markenzeichen sind Sprüche, die Denkmuster anzweifeln, vielleicht zu Kreativität anregen.

Für seine „Stiftung des Zweifels" in Blois gestaltete er 1995 die gesamte Fassade mit knapp 300 Sprüchen. Durch das Tor gehen die Studenten und Kursteilnehmer der Kunstschule und des Musikkonservatoriums ein und aus, die sich das Gebäude mit der Stiftung und einem Theater teilen. Ein lebendiger Ort! Der Hof mit dem Kreuzgang aus dem 19. Jahrhundert zählt zu den Treffpunkten der jungen Kulturszene – Konzerte, Performances, Videoprojektionen. Wechselausstellungen im Pavillon.

Vom Café gelangen Besucher in die Dauerausstellung mit 300 Werken, die Ben gemeinsam mit den italienischen Sammlern Gino di Maggio und Caterina Gualco realisierte. Auf zwei Etagen und im Treppenhaus birgt sie viele Überraschungen. 50 internationale Künstler sind vertreten – Kreationen von Érik Satie, Marcel Duchamp und John Cage, zwölf gastronomische Werke von Daniel Spoerri, ein Werk von Yoko Ono. Einen Raum füllen 25 Autotüren, auf die Hämmer einschlagen – nach einem spanischen Volkstanz hat der deutsche Aktionskünstler Wolf Vostell seine Installation „Fandango" genannt. Über allem weht der Geist von Ben, der bestimmt gefragt hätte: Macht Kunst glücklich?

● La Fondation du Doute, 14 Rue de la Paix, 41000 Blois, www.fondationdudoute.fr

écrit en blanc sur un fond noir
c'est le courage qui compte
je suis un menteur
aimez vous les uns les autres
c'est la vie.
art
j'aime tout classer
REGARDEZ AILLEURS
sans importance
rien faire
on ne sait jamais
je ne sais pas peindre
à bas la culture
je me prends pour du vent
mon plus grand soucis c'est moi
"rien" est impossible en art
provocation
je tourne en rond
la jungle de l'art
concept
pas d'art sans vérité
réveillez vous
et après ça?
fâites le contraire
no copyright
à effacer
je suis jaloux des autres
Beau — o laid — o
je copie qui je veux me copie qui veut
peut-être
l'art c'est de faire le pitre
pas d'art sans désordre
ne pas juger
n'importe quoi est art.
le beau est laid
零
moi c'est moi
entrez
rouge
L'ART EST PRÉTENTION
je suis timide
amour
choqué?
l'art est un cul de sac
art invisible

Shopping mit Charme

65 Die Passage Pommeraye in Nantes

So modern Nantes auch ist – das Quartier Graslin versetzt selbst beim Shoppen in die guten alten Zeiten zurück. So in der lichtdurchfluteten Passage Pommeraye mit einem Glasdach, Putten und Figuren auf Säulen. Filmreif, fand Regisseur Jacques Demy, der hier eine Szene von „Lola, das Mädchen aus dem Hafen“ drehte. Der Film war das Debüt seiner Hafenstädte-Trilogie. Auf Nantes folgten Cherbourg und Rochefort als Drehorte für erste Musicalfilme mit Catherine Deneuve. Die bestimmt auch durch die bezaubernde Passage Pommeraye gebummelt ist.
Dem Pariser Schick steht diese Einkaufspassage in nichts nach. Sie gehört zu Europas schönsten aus dem 19. Jahrhundert. Auf drei Etagen umgeben die Läden eine schmiedeeiserne Treppe, die in der Mitte des Gebäudes die rund 10 Meter Höhenunterschied zwischen Rue Santeuil und Rue de la Fosse überbrückt. Ihr Financier Louis Pommeraye gab die prunkvolle Galerie bei zwei Architekten im Stil des Neoklassizismus und Eklektizismus in Auftrag und ließ sie direkt mit Gasbeleuchtung und Marmorböden ausstatten. Recht schnell nach der Eröffnung 1843 erwies sich das Projekt zu groß für einen Privatier und die Einkaufspassage ging in den Besitz einer mitgliederreichen Eigentümergemeinschaft über.

TIPP
Micr'Home – Schlafen in einem Künstlerzimmer, 5 Meter über der Rue de la Fosse 12.

Hier verbringt man gern den Nachmittag im Café oder kauft nostalgische regionale Produkte, wie die Designer-Sardinendosen von La Perle des Dieux aus Saint-Gilles-Croix-de-Vie. Kurz vor einem der drei Ausgänge verlocken Schoko-Kreationen, Biscuits und bretonische Galettes im Maison George Larnicole. In der nicht weniger verträumten Rue de la Fosse bezaubern verwinkelte Buchhandlungen sowie die Chocolaterie Debotté in Nummer 9, die 1923 eröffnete. Ihre Einrichtung ist von 1860. Bunte Berlingot-Bonbons, nach Rum duftender Gâteau Nantais oder wie wäre es mit einem Mascaron Nantais? Der Name dieser Spezialität spielt auf die Architekturmode der Masken als Schmuck über den Portalen der Stadtvillen an. Köstliche Schokopralinen.

● Passage Pommeraye, 44100 Nantes, www.passagepommeraye.fr
● ÖPNV: Haltestelle Commerce

BYBLOS
COTON DOUX

Tuffstein-Abenteuer

66

Pilze aus der Cave des Roches in Bourré

Bourré mag das kleinste Dorf an Loire und Cher sein, aber unter der Erde erstrecken sich über 200 Kilometer Tuffsteingalerien. *Tuffeau* – Tuffstein – ist an der Loire ein Zauberwort für Bauwunder, denn das poröse, feuchte Kalkgestein bleicht an der Sonne und verliert an Gewicht. Es entstand aus dem Kalkschlamm des Meers, das die Region vor 90 Millionen Jahren bedeckte. Tuffsteinbrüche lieferten das Baumaterial für die Römer, für die Kirchen des Mittelalters und die Renaissance-Schlösser wie Cheverny und Chenonceau. Allein Chambord besteht aus 430.000 Blöcken aus Bourré, die von Loire-Schiffern zur Baustelle gebracht wurden.

Die Brüder Delalande sind die Erben eines Steinbruchs mit 120 Kilometern Höhlengalerien. Auf sieben Etagen züchten sie in bis zu 50 Metern Tiefe pro Jahr 100 Tonnen Pilzarten der Luxusvariante – Blaufuß, Austernpilz, Shiitake und Champignons, alles in Handarbeit. Besucher können die Pilzzucht bei Führungen durch die Unterwelt besichtigen. Wer vor hochsommerlicher Hitze fliehen möchte, hat Glück: Hier ist es nie wärmer als 12 Grad. Vorfahr Louis Fay begann Ende des 19. Jahrhunderts im Steinbruch Champignons de Paris zu züchten, inspiriert von dem Pariser Botaniker Chambry, der als Erster die Idee hatte, Waldpilze in den Steinbrüchen der Hauptstadt anzubauen.

Die Cave des Roches hat heute 40 Prozent Anteil am Weltmarkt für den Nobelpilz Blaufuß und beliefert als einer von zehn Züchtern weltweit Sterneküchen, auch in Genf, New York, Kanada und Tokio. Nach sechs Monaten ergibt die Ernte nur bis zu zwei Kilogramm Blaufuß, daher der hohe Preis. Für den begehrten Shiitake – cholesterinsenkend, protein- und vitaminreich – simulieren die Züchter mit Stockschlägen auf die Ballen aus Stroh und Eichenspänen die japanischen Erdbeben, die den Pilz besser wachsen lassen. Und wer sich eher für das Abenteuer Steinbruch interessiert: Skulpturen und Fassaden eines in den Felsen gehauenen Dorfs demonstrieren das gestalterische Tuffstein-Potenzial.

TIPP

Abstecher zur Guinguette Bistrot'Quai im nahen Civray-de-Touraine – verleiht auch Kanus und Räder.

● La Cave des Roches, 40 Route des Roches, 41400 Bouré, Tel. +33 (2) 54 32 95 33
www.le-champignon.com

Geschliffener Diamant

67

Das Wasserschloss Azay-le-Rideau

„Ein geschliffener Diamant auf blumenverdeckten Pfählen“ – so beschreibt der in Tours geborene Schriftsteller Honoré de Balzac das Schloss Azay-le-Rideau in „Die Lilie im Tal“. Auf einer Insel zwischen zwei Armen des Loire-Nebenflusses Indre reflektieren es gleich zwei Wasserspiegel. Bei einem Spaziergang durch den Schlosspark lässt es sich aus diversen Perspektiven immer noch so facettenreich betrachten wie ein Diamant, der funkelt, egal wie man ihn dreht und wendet. Dabei erstreckte sich zu Balzacs Zeiten vor dem Südflügel noch eine Terrasse. Erst 1950 wurde der Flusslauf bis an die Schlossmauer erweitert, um die Strömung zu verringern.

Der romantische Spaziergang durch den Schlosspark kann dauern, bei so vielen unwiderstehlichen Fotospots. Stege und Brücken führen über gurgelnde Wasserläufe. Weite Wiesen und im 19. Jahrhundert als exotisch in Mode gekommene Baumriesen und Sträucher aus Amerika, China und Asien begeistern im Landschaftspark im englischen Stil, den die Marquis de Billancourt ab dem 18. Jahrhundert gestalteten. Das Prunkschloss, das sich hier mit seinen harmonischen Proportionen und den vier runden Wehrtürmen mit Pechnasen im Wasser verdoppelt, war der Wohnsitz von Gilles Berthelot, Bürgermeister von Tours und Schatzmeister Franz I. Er kaufte eine verfallene mittelalterliche Burg und ließ sie zu seinem Prestige-Wohnsitz ausbauen. Um Ausführung und Details kümmerte sich die Gattin: Philippe Lesbahy. Ihr Sinn für Schönheit und Mode in der Architektur sind in Gestalt der Ehrentreppe und der Küche mit Kreuzrippengewölbe bis heute zu bewundern. Die gerade Treppe mit Umkehrpodesten in der Mitte des Wohntrakts wirkt als Blickfang, sobald man sich dem Hof nähert. Bis dato wurden meist Wendeltreppen mit Aufwärtsspiralen gebaut. Zur Wasserseite weisen alle Etagen Loggias mit Fenstern und dekorierten Bögen auf. Sehen und gesehen werden. Ein Gruß nach Italien und eine Geste der Offenheit.

TIPP

Höhlenhotel mit Pool in Azay-le-Rideau: das Hôtel Troglododo (www.troglododo.fr).

● Château d'Azay-le-Rideau, 19 Rue Balzac, 37190 Azay-le-Rideau
www.azay-le-rideau.fr

Gruß aus Japan

68 Glückssuche beim Flanieren durch Nantes

Auf der Place du Bouffay wagt ein lächelnder Anzugträger aus Bronze einen Seitschritt ins Leere. Mit seinem Kunstwerk bringt Philippe Ramette es auf den Punkt: Ein Schritt nach vorne kann ein Schritt zur Seite sein. Anders ticken, querdenken, etwas wagen, so wie Voyage à Nantes („Reise nach Nantes"), ein 2011 gegründetes städtisches Unternehmen, das Tourismus, Kultur und Kunst fördert. Die jährlichen Kunstparcours sind mittlerweile Besuchermagneten. Bleibende Werke wie der „Seitschritt" sind Teil der Dauerausstellung „Le Voyage permanent". Kreativ, verspielt, dynamisch – jeder Stadtbesuch ist wie eine Reise durch Zeit, Geografie, Kunst und Architektur.

Eine dieser Reisen führt vom Lieblingsschloss von Anne de Bretagne bis nach Japan. Anne, Tochter Franz II. und zweifache Königin, steht als Bronze vor dem Schlossgraben, mit Blick auf die Wiese, die im Sommer zum Sonnen einlädt. Ein Rundgang über die frei zugänglichen Festungsmauern des Château des Ducs de Bretagne eröffnet tolle Ausblicke. Innen könnte man im Museum für Geschichte bei Musik und Videos lange verweilen. Doch es gibt noch mehr Glücksorte, wie den Wasserspiegel, in dem das Schloss sich verdoppelt. Und den nahen Lieu Unique, das Kulturzentrum für Musik, Tanz und Theater in der früheren Keksfabrik LU, mit Hammam und Bar am Kanal Saint-Félix.

TIPP

Hotel Sozo am Botanischen Garten: Kunst und japanisches Design in einer früheren Kapelle.

Ein Stück weiter schaukeln Boote im Jachthafen, eine Promenade säumt den Fluss Erdre und führt bis zum Japanischen Garten auf der Île de Versailles. Steingärten, Wasserfälle, ein Teepavillon, Bambus, Kirschbäume – hier sieht es aus wie in Japan. Zen-Feeling und Naherholung inklusive. Die Stadt ließ den Garten in den 1980ern anlegen. Pionierarbeit. 2013 bekam Nantes die Auszeichnung Grüne Hauptstadt. Schon 3 Jahrhunderte alt ist der Botanische Garten am Bahnhof, Eintritt kosten nur die historischen Gewächshäuser. Draußen gibt es zwischen viel Grün lustige zeitgenössische Kunst zu entdecken.

44000 Nantes

Verwöhnung pur

69 Seifenmanufaktur Martin de Candre in Fontevraud

Auf einem der einst schönsten und größten Bauernhöfe der Abbaye de Fontevraud halten zwei Schwestern ihr Glück mit fleißigen Händen fest und teilen es mit Besuchern, die auf dem Anwesen auch gleich eine doppelte Portion an Glück finden. Marie-Amélie führt in einem hübschen Landhaus das Hotel Le Domaine de Mestré mit 16 Zimmern, einem beheizten Indoor-Pool und einem Table d'Hôte. Hélène leitet mit Sohn Augustin den kleinen Familienbetrieb Martin de Candre, in dem mit viel Liebe und *savoir-faire* duftende und unparfümierte Seife, Rasierschaum, Shampoo, Duschgel, Parfüm und Kosmetik hergestellt werden. Und dies im Jahr 2024 seit genau 50 Jahren, als ihre Mutter Rosine Dauge auf dem neu erstandenen Hof der Familie begann, Seifen nach dem traditionellen Marseille-Verfahren aus rein pflanzlichen Stoffen herzustellen Als Basis wird Olivenöl oder Palmöl erwärmt. Ihre Herstellung wirkt ein wenig wie Backen. Vor dem Verkauf trocknen die Seifen mehrere Wochen. Das Verfahren hat ihre Mutter Rosine innerhalb vieler Jahre von einem auf Seifen spezialisierten Chemiker erlernt.

TIPP
Schön übernachten im Hotel Le Domaine de Mestré: www.domaine-de-mestre.com.

Es duftet nach Lavendel, Thymian, Vetiver, Farn – der Shop ist ein Eldorado für Mitbringsel oder Duftnoten, um sich selbst zu verwöhnen. Ausführliche Beratung, Erklärungen und Duftproben gehören zum Service. Die Seifen sind hautfreundlich und zu 100 Prozent biologisch abbaubar. Hier könnte man lange verweilen und sich auf eine Reise durch das Reich der Düfte entführen lassen.
Aber es wartet ja noch das kleine, frei zugängliche Museum in einem Gebäude des Hofs aus dem 13. Jahrhundert. Hier gibt es Objekte, ein Video zur Seifenherstellung und historische Werbeplakate zu entdecken, die einem unwillkürlich ein Lächeln auf die Lippen zaubern – eine reine Jungfrau als Seifenverkäuferin, die Japan-Mode des 19. Jahrhunderts. Ein bisschen sieht es in dieser Scheune aus wie auf einem Trödelmarkt. Nostalgie und Verwöhnung pur!

● Martin de Candre, Domaine de Mestré, 49590 Fontevraud-L'Abbaye, Tel. +33 (2) 41 51 75 87, www.martin-de-candre.pro/fr

Avantgardistisch

70 Kunst im Wasserschloss Montsoreau

Schauplatz einer Liebesgeschichte in Alexandre Dumas Roman „Die Dame von Montsoreau" und zu Recht eines der „schönsten Dörfer Frankreichs" – Montsoreau bezaubert mit viel Charme am Loire-Ufer. Umso mehr, wenn man den Rundumblick aus 35 Metern Höhe von der Dachterrasse des Schlosses genießt. Wow! Er reicht über Schieferdächer, Hanggärten und Eingänge zu Tuffsteingalerien, Weinfelder, den ausgetrockneten Burggraben und bis zur Mündung der Vienne in die Loire.

Auf dem Weg zur Dachterrasse kommen Besucher durch imposante Säle, in denen der heutige Besitzer und Kunstsammler Philippe Méaille zeitgenössische Kunst zeigt. Die Installationen, Skulpturen und Gemälde der Dauerausstellung stammen von Künstlern der Gruppe Art & Language, die 1965 in England entstand und mit ihren avantgardistischen Ideen mit den Codes der Moderne brach.

Innovativ war seinerzeit auch Jean II. de Chambes. Der Ratgeber Karls VII. hatte Venedig gesehen und ließ sich das erste Renaissanceschloss Frankreichs auf einem Felsvorsprung direkt im Flussbett errichten. Majestätisch und ohne Abstand zur wilden Loire, was einzigartig blieb. Später im 19. Jahrhundert romantisierten es Künstler auf Inspirationssuche bei ihrer Grand Tour durch Europa, darunter William Turner, Auguste Rodin und Alexandre Dumas.

Heutige Romantiker träumen bei einem Sundowner in der Guinguette unten am Flussufer mit Blick zum Schloss. Als Standort war Montsoreau schon in gallorömischen Zeiten begehrt. In der Villa Rest-sous-Montsoreau lebten dort Mönche des heiligen Martin aus Tours. Die spätere Festung spielte im Mittelalter während der Machtkämpe zwischen Henri II. Plantagenet und dem englischen König Étienne de Blois eine bedeutende Rolle. In der Renaissance boten der Flusshafen und die Zollstation den Schlossherren von Montsoreau gute Einnahmen. Heute legen vor dem Schloss nur noch traditionelle Ausflugsboote aus Saumur an. Der Ausblick: ein Trumpf für jeden Glücksritter.

TIPP

Kreative lokale Küche und gute Weinauswahl: das Restaurant Ververt mit Innenhof (www.ververt.com/de).

● Château de Montsoreau, Passage du Marquis de Geoffre, 49730 Montsoreau
www.chateau-montsoreau.com

Stadt der Gastronomie

71 In der Markthalle Les Halles de Tours

Der „Bauch von Tours“ ist eine moderne Markthalle namens Les Halles mit Parkhaus im Untergeschoss und Büros in der Etage darüber, die wie in Lyon und Paris längst die nostalgischen Baltard-Pavillons ersetzt hat. Drinnen präsentieren die Händler das Beste, was die Region zu bieten hat: Baguette, Rillettes und Ziegenkäse mit kontrollierter Herkunftsbezeichnung (AOC) verlocken in barock anmutender Auswahl zum kleinen Picknickglück mit grandiosen Zutaten. Rillettes waren in der Region schon im Mittelalter eine Spezialität. Um Schweinefleisch haltbar zu machen, wurde es oft mit Wein über 8 Stunden geköchelt und dann luftdicht in Einmachgläsern verschlossen. Die Variante mit knusprig gebratenem Schweinebauch heißt Rillons. Die fotogene Käsevielfalt ist immens. Eine Verlockung zum Probieren. Berühmt sind Ziegenkäse wie Sainte-Maure de Touraine oder Crottin de Chavignol. „Je reifer, desto herber im Geschmack oder mit Thymian verfeinert“, hilft Käsehändlerin Hélène Bonnet bei der Auswahl.
In der Markthalle findet man, was das Herz begehrt. Sie ist das Aushängeschild für Tours als eine der vier Gastronomiestädte Frankreichs. Das an die Universität Rabelais angeschlossene Europäische Institut für kulinarische Kultur und Geschichte machte die französische gastronomische Mahlzeit zum Immateriellen Kulturerbe, vom Amuse-Bouche über den Käse bis zum Dessert. In der Villa Rabelais bietet es eine riesige kulinarische Bibliothek. Mittlerweile ist sie als Cité Internationale de la Gastronomie ein Foodie-Zentrum für spannende Vorträge und Events.
Zurück zum kleinen Picknickglück, das originell werden kann, wenn man sich dafür eine der Bänke auf der Place du Monstre aussucht. So heißt die Place du Grand Marché im Volksmund, seit hier ein monumentales silbern glänzendes Monster des Lyoner Künstlers Xavier Veilhan steht. Es lässt Kinderaugen strahlen und zieht wieder mehr Kunden in die Feinkostläden und Boutiquen. Vielleicht hat es ja auch so einen Riesenappetit …

● Les Halles de Tours, Place Gaston Paillhou, 37000 Tours, www.leshallesdetours.fr

Treppenspektakel

72

Das Kunstwerk Escalier Denis-Papin in Blois

Plötzlich taucht eine Treppe auf, was für ein Spektakel! Die Autos fahren langsamer, Fußgänger bleiben stehen, schauen die 120 Stufen hoch und sehen – ein Kunstwerk. Immer wieder wird ein anderes wie eine Collage auf die Stufen der Escalier Denis-Papin geklebt. Eine Fata Morgana, unterbrochen von einer aus 4000 Pflanzen gestalteten Fläche in Form eines Medaillons. Wenn der neue Look der Treppe enthüllt wird, ist sie Stadtgespräch. In der Regel steht das Kunstwerk in Verbindung zu einer Ausstellung oder einer Neuigkeit in Blois. 2023 war es das Werk des Athener Künstlerduos Frank Moth mit dem Titel „Meine Welt blühte auf, als ich dich liebte". Diese Auswahl spielte auf die Ausstellung im Rahmen des Festivals Promenades Photographiques an, das erstmals in Blois vertreten war und auch ein Werk von Frank Moth zeigte. 2022 feierte die Fondation du Doute (Glücksort 64) in Blois 60 Jahre Fluxus-Bewegung und ihre Wiedereröffnung. „L'Art c'est la vie" – „Kunst ist Leben" lautete der Slogan der Treppen-Kunst. 2021 brachte Bücher auf die Treppe, ein Symbol für den 40. Geburtstag der Bibliothèque Maurice Genevoix. 2020 glitt die Loire, kaskadenförmig die Treppe hinab, mit Schmetterlingen, Libellen und Blumen – eine Hommage an die Umwelt. Zum 500. Todestag von Leonardo da Vinci lächelte 2019 die Mona Lisa von der Treppe.

TIPP

Terrasse mit Ausblick: Bar-Restaurant Le Denis Papin oben an der Treppe.

Die spielerisch-künstlerische Idee macht alle glücklich, die gerne fotografieren, und motiviert zum Hochgehen. Oben steht eine Statue des erfinderischen Mannes, dem die Treppe ihren Namen verdankt: Denis Papin, geboren 1647 im kleinen Ort Chitenay in der Grafschaft Blois. Er ging als Pionier der Dampfmaschine und Erfinder des Schnellkochtopfs in die Geschichte ein, seine Arbeiten führten zu Kreiselpumpen und U-Booten. Als Calvinist floh er aus Frankreich und nahm eine Stelle als Mathematik-Professor der Universität Marburg an. Vom oberen Ende der Treppe reicht der Ausblick bis weit über das andere Loire-Ufer hinaus. Bei klarem Wetter wirkt das euphorisierend.

Escalier Denis-Papin, 17 Rue Haute, 41000 Blois

Am Kunstparcours

73 Mit dem Navibus nach Trentemoult

Nantes lässt sich gut zu Fuß erkunden, aber dank der Navibuslinien kann man mehr entdecken. Als Personenlinienschiffe pendeln sie über Loire und Erdre und nehmen auch Räder mit, auch die der städtischen Leihräder von Bicloo. Eine Tour, zu Fuß oder mit dem E-Bike, führt nach Trentemoult, ein einstiges Fischerdorf. Das Boot legt in Nantes von der Haltestelle Gare Maritime vom Quai ab und setzt innerhalb von 10 Minuten über. Frische Flussluft weht den Passagieren um die Nase, schon von Weitem grüßen die bunt gestrichenen Häuser am Südufer. Einst wiesen ihre intensiven Farben den Fischern im Nebel den Weg. Heute sind sie die pittoreske Kulisse für Ausflügler. Im Sommer stehen Sonnenliegen vor den Terrassen am Fluss, Lokale wie La Civelle bieten Mittagsmenüs, der Quai und die engen Gassen laden zum Bummeln ein.

Bis nach Kap Hoorn fuhren einige der Fischer, die früher die kleinen Häuser bewohnten. Heute hat die begehrte Lage mit ländlichem Charme und Ausblick am Fluss ihren Preis. Dankbar kultivieren die betuchten Bewohner Anstrich und Gärten, hier ist die Gelassenheit zu Hause. Kitsch und kurios-nostalgische Fotomotive machen Besucher fröhlich.

TIPP

Der Kunstparcours Estuaire bis Saint-Nazaire (www.estuaire.info/fr).

Nantes wäre nicht Nantes, hätte es nicht auch im Mündungsgebiet der Loire ein Kunstprojekt ins Leben gerufen. Auftakt zu einer Tour auf dem Kunstparcours Estuaire ist in Trentemoult ein 7 Meter langes Pendel am Turm des früheren Betonwerks am Flussufer. Die zeigerlose Uhr ist ein Werk des Künstlers Roman Signer. Der Turm eingezäunt und von dichter Vegetation eingefasst, ein Lost Place. Hier hat man Zeit zu überlegen, wie weit man schweifen will. Und bekommt Lust zum Wiederkommen. Zwischen Nantes und Saint-Nazaire warten auf 60 Kilometern über 30 künstlerische Werke mit viel Witz und Symbolcharakter auf Neugierige. Und reines Radlerglück.

- Village de Trentemoult, 44400 Rezé
- ÖPNV: Haltestelle Trentemoult

COMPTOIR DES

Zukunftsweisende Gärten

74 Internationales Gartenfestival im Schloss Chaumont

Resilienz ist die Fähigkeit, sich an Veränderungen anzupassen. Und „Resiliente Gärten" lautete das Motto des Internationalen Gartenfestivals 2023 im Schloss Chaumont. Eine von der Schlossdirektion eingeladene Jury aus fünf gartenaffinen Persönlichkeiten vom Landschaftsarchitekten bis zu visionären Persönlichkeiten mit grünem Daumen oder Sachverstand wählt jedes Jahr Vorschläge für 30 Gartengestaltungen zu einem Thema aus. Die Parzellen werden im Frühjahr angelegt und sind von Ende April bis November zu besichtigen. „Idealer Garten", „Bionik", „Rückkehr zu Mutter Erde", „Paradiesgärten", „Gärten des Intellekts", „Flower Power" und – wie spannend – „Gärten der Todsünden" lauteten die Themen früherer Festivals.

Seit 1992 ist das Festival ein Highlight für Landschaftsgärtner, Gartenarchitekten und futuristische Gartenideen – die Bewerber kommen aus der ganzen Welt. Den Garten Le Chant du Sel (Der Gesang des Salzes) etwa gestalteten die Gartenarchitekten Félix de Rosen und Éric Futerfas und der Pflanzenzüchter Bruno Derozier. Im Hinblick auf den Klimawandel zeigt er Salzgärten und Küstendünen mit Pflanzen, die an hohen Salzgehalt angepasst sind, und spielt poetisch mit der Ästhetik der blauen Farbe von Meer und Salz. Zu den dauerhaften Gärten auf der Prés du Goualoup, einer 10 Hektar großen Wiese, gehört ein rotes Band, das der chinesische Landschaftsgestalter Yu Kongjian 2013 zwischen schon bestehenden chinesischen Gärten spannte, als Einladung zu Ruhe und Einkehr. Je nach Saison beeindrucken hier auch die harmonischen Pflanzkonzepte – Tausende pastellfarbene Tulpen und Narzissen, die Rosengärten, Clematis, Sternjasminbögen, Astern und die Irisarten im Japanischen Garten.

Das Gartenfestival im Schloss Chaumont hat große Strahlkraft und wirkt als Experimentierfeld für innovative Ideen künftiger Gartengestaltung. Besucher bezaubert auch die abendliche Beleuchtung der kreativen Gartenparzellen. Eine magische Atmosphäre!

TIPP

Loisirs Loire Valley in Valloire-sur-Cisse, ein Freizeitpark mit Barfußpfad und vielen Naturaktivitäten.

● Internationales Gartenfestival, Domaine Régionale de Chaumont-sur-Loire, 41150 Chaumont-sur-Loire, Tel. +33 (2) 54 20 99 22
www.domaine-chaumont.fr/de/internationales-gartenfestival

Essig, Senf und Gurken

75 Martin Pouret: Orléans kulinarisches Erbe

Eigentlich Pech, wenn ein Wein zu gären beginnt. Im Hafen von Orléans, wo in der Renaissance Weine von der Loire und aus dem französischen Süden nach Paris und in den Norden verschifft wurden, machten gewiefte Leute daraus ihr Glück. Mit damals 400 Essigmachern war Orléans eine Essigmetropole.

In der Rue Jeanne d'Arc Nummer 11 ist der Flagship-Store des heute einzigen Essigmachers der Stadt: Martin Pouret. Der in Eichenfässern gereifte Essig aus sorgfältig ausgewählten Weinen, die Mayonnaisen, Pickles, Dips und Saucen und die in Essig eingelegten Gurken bringen den Geschmack der Provinz Orléanais in die Küche und auf den Esstisch daheim. Der Laden ist ein Schlemmerparadies im Designerlook. Eine Degustation befördert Foodies in den Essighimmel. 3 Jahre Reifezeit schmecken nach frischen Blumen, 6 Jahre nach Honig und Karamell, nach 9 Jahren im Eichenfass gleicht der Essig einem samtweichen Whiskey oder Cognac – mit Holznoten und dem Aroma von Nüssen und kandierten Früchten.

Das 1797 gegründete Traditionshaus für Essig, Senf, Saucen und weitere Delikatessen beliefert den Élysée-Palast, bekannte Sterneköche, Feinkostgeschäfte, die Kaufhauskette Monoprix und den internationalen Markt. Die Nachfahren der beiden alteingesessenen Besitzerfamilien verkauften 2019 in siebter Generation an zwei ortsfremde Männer mit Erfahrung im internationalen Marketing großer Unternehmen: David Matheron und Paul-Olivier Claudepierre.

„Wir haben die Produktpalette erweitert und das Design modernisiert", so Paul-Olivier. „Orléans ist auf den Etiketten nun größer geschrieben als Martin Pouret. Wir bewahren den Geist des Familienunternehmens und das kulinarische Erbe der Stadt." Bei Boigny-sur-Bionne entsteht eine neue Produktionsstätte, in die sie Millionen investiert haben. Zutaten, die bereits die halbe Welt durchquert haben, lehnen sie bewusst ab: „Wir sind der einzige französische Senfhersteller, der seine Samen zu 100 Prozent lokal bezieht." Hier zählt lokale Nähe.

● Martin Pouret, 11 Rue Jeanne d'Arc, 45000 Orléans, Tel. +33 (2) 38 62 19 64
www.martin-pouret.com

MARTIN-POURET
MARTIN-POURET

Treppe zum Hochgarten

76 Le Manoir des Basses Rivières in Rochecorbon

Das Dorf Rochecorbon zwischen Tours und den Weinbergen von Vouvray bewahrt seine Geheimnisse. Eine schmale Straße führt den Hang hinauf, fast wie in einem Mittelgebirge. Der Laternenturm hoch oben, ein Überrest einer mittelalterlichen Burg, wies den Loire-Schiffern von einst den Weg. „L'histoire dans la rue" („Geschichte auf der Straße") heißen die Faltblätter zu Spaziergängen, die das Rathaus auch auf Englisch herausgegeben hat. Aber damit ist hier längst nicht alles entdeckt. Ein Großteil der Villen und aus Tuffstein gehauenen Dorfhäuser sind Höhlen und Höhlengalerien.

Heute hat sich hier manch einer seinen Traum vom Landhaus erfüllt, Überraschungen inklusive. Einblicke gewährt der mit dem Label „bemerkenswert" versehene Garten des Manoir des Basses Rivières. Zypressen, Zedern, Rosmarin, Feigen, Zürgelbäume – im Schutz der hohen Tuffsteinwand gedeihen mediterrane Arten. Im französischen Stil elegant in Form geschnittene Eiben, Buchsbaumkugeln, eine Fülle an Rosen und Verbenen, Kieselalleen, Statuen, Springbrunnen – der gartenbegeisterte Besitzer Arthur van der Straeten hat ein grünes Paradies mit Glamour-Effekt geschaffen. Im 10. Jahrhundert gehörte das Grundstück den Benediktinern der nahen Abtei von Marmoutiers, die Villa ließ sich 1730 eine Seidenfabrikanten- und Winzerfamilie bauen. Dazu gehören heute eine Höhlenkapelle und Höhlen mit Arthurs Weinkeller sowie ein *chambre d'hotes*. „Den langen Gang mit der Treppe in den Hochgarten habe ich erst nach dem Kauf entdeckt", erzählt er. Bei zwei Vorbesichtigungen und in den Unterlagen war ihm die lange steile Höhlentreppe entgangen, die in den oberen Teil des Gartens führt.

Nach dem beinahe sportlichen Aufstieg erwartet Gäste ein weites Loire-Panorama und das Glücksgefühl, in ein Geheimnis eingeweiht worden zu sein. Spätestens jetzt wird es Zeit für einen weißen Vouvray unten am Fluss. In der beliebten Guinguette de Rochecorbon mit großer überdachter Tanzfläche kommt fast jeden Tag Feierstimmung zu Livemusik auf.

● Le Manoir des Basses Rivières, 24 Quai de la Loire, 37210 Rochecorbon, Tel. +33 (6) 50 59 37 45, www.lesbassesrivieres.com

Fantasiewelten

77 Château du Rivau und sein Märchengarten

Zwei linke Meilenstiefel für Riesen – die „Unverkäuflichen Stiefel" der Künstlerin Lilian Bourgeat – gehören zu den Wahrzeichen im Schlossgarten. Gartenzwerge mit Politikergesichtern – Giscard d'Estaing und Mitterand sind mit von der Partie – und im Rapunzelgarten das Haar der Prinzessin als Vegetation. Im Schloss Rivau mischt sich jedes Jahr bei einer neuen Ausstellung zeitgenössische Kunst unter historische Möbel und die Jagdtrophäen – skurril und humorvoll. Das italienische Deckenfresko im Festsaal zeigt die vier Jahreszeiten im Weinberg, das Ölgemälde „Gastmahl des Belsazar" ist von einem holländischen Meister der Renaissance in Öl gemalt. Turniere, Bankette und Musikanten, Holzschuhe auf Pflaster – die Geräuschkulisse im Schloss ist eine akustische Zeitreise.

TIPP
Wer möchte, kann sich ein Festmahl im Glashaus gönnen – im Gourmetrestaurant Jardin Secret.

Das Schloss von 1420 zählt zu den ältesten an der Loire. Es gehörte lange Zeit der Familie Beauvau, Verwandten der Grafen von Anjou und Nachfahren des Kammerherrn von Karl VII. Die heutige Besitzerin Patricia Laigneau, Kunstsammlerin und passionierte Botanikerin, lädt immer wieder Künstler ein, die ihre Werke hier realisieren. Sie und ihre Familie holten das Schloss aus seinem historischen Dornröschenschlaf und verwandelten es in ein Reich der Fantasie. Märchen von Charles Perrault, der Brüder Grimm, Kunstausstellungen und ein hochkarätiges Eventprogramm versetzen ins Staunen. Pfauen stolzieren umher, zu der außergewöhnlichen Rosensammlung gehören über 500 Sorten. Besucher können picknicken, sich in 15 fantasievollen Gärten verlieren, entspannen oder botanische Namen lesen. Das Biogemüse und die essbaren Blüten aus dem Garten dienen als frische Zutaten der kurzen Wege. Mittagessen im Table des Fées, Schlossblick, Bienensummen und Lavendelduft auf der Terrasse. Wer sich richtig verwöhnen lassen will, checkt im Viersternehotel mit sieben individuellen Zimmern im früheren Pferdestall ein. Und hat Schloss und Garten am Abend fast ganz für sich. Einfach zauberhaft!

● Château du Rivau, 9 Rue du Château, 37120 Lémeré
www.chateaudurivau.com/de

Karussell mit Meerestieren

78 Auf den Spuren von Jules Verne durch Nantes

Nantes hat eine Begabung zum Glück: die Fähigkeit, sich selbst zu retten. Ab 1987 war es mit der Schiffbauindustrie definitiv aus. Einst inspirierte die Seefahrt in der großen Handelsstadt den 1928 hier geborenen Jules Verne. Dessen Werk wiederum regte Stadt und Kreative wie François Delarozière und Pierre Orefice, die Köpfe der Compagnie La Machine, zu Neuerfindungen an.

In ihrem Carrousel des Mondes Marins, einem Wahrzeichen des neuen Stadtteils auf der Île de Nantes, begegnet man Jules Verne heute wieder. „Wer das Telefon im Karussell abhebt, hat Kapitän Nemo an der Strippe", sagt Kulturmediatorin Elora Le Louvier. Es besteht aus drei Ebenen: Meeresboden, Tiefsee und Meeresoberfläche. „Wir haben auch eine Riesenkrabbe, einen Kofferfisch und einen Einsiedlerkrebs, dessen verlorene Muschel an der Meeresoberfläche wiedergefunden wird." Elora macht Gäste mit den Erfindungen von La Machine vertraut. „Eigentlich bin ich Komödiantin", erklärt sie. „Vielleicht habe ich diesen Job deshalb. Auf den Jahrmärkten von früher waren Karussells mitsamt der Deko und Bühnentechnik als Shows für Erwachsene konzipiert." Und wenn der berühmte Elefant (Glücksort 3) vorbeimarschiert, entstehen vom Karussell aus super Fotos.

Mitarbeiter wie Elora präsentieren auch das gigantische Reiherbaumprojekt in der Galerie von La Machine. Der immensen Kosten wegen entschied sich die Stadt gegen die Realisierung im Granitsteinbruch Carrière Misery am anderen Loire-Ufer. Naturschützer waren dagegen. Sie wollten die Ruhe und Biodiversität im dortigen Jardin Extraordinaire bewahren, einem Garten mit Wasserfall, der an die reiche Pflanzenwelt aus Jules Vernes „Außergewöhnlichen Reisen" erinnert. Den denkmalgeschützten Stahlbetonbau davor will die Stadt seither zur Cité de L'Imaginaire ausbauen, Nantes neuem Jules Verne-Museum. Könnten alle damit leben, wäre wieder fast alles gerettet. Bis dahin fließt allerdings noch viel Wasser durch die Loire zum Ozean. Und das Karussell dreht sich weiter.

- Carrousel des Mondes Marins, Les Machines de l'Île, Parc des Chantiers, Boulevard Léon Bureau, 44200 Nantes, www.lesmachines-nantes.fr
- ÖPNV: Haltestelle Chantiers Navals oder Haltestelle Chantenay

Schneller als die Flut

79 Die Passage du Gois auf die Île de Noirmoutier

Rein in die Gummistiefel! „Vorsicht Schlick“ (frz.: *vase*) warnt ein Verkehrsschild, doch in den Sommermonaten geht es auch barfuß oder mit dem Rad. Vielmehr kommt es auf die richtigen Zeiten an, denn bei Flut verschwindet die Straße je nach Intensität des Tidenhubs unter 1 bis 3,6 Metern Meer.

Aus dem kleinen Beauvoir-sur-Mer starten im Sommer wahre Völkerwanderungen zur Überquerung der Furt, der Passage du Gois, auf die Île de Noirmoutier, einer Atlantikinsel südlich der Loire-Mündung. Bewaffnet mit Eimern, Netzen, Messern, kleinen Schaufeln und hoffentlich mit einer Uhr. Die 4150 Meter lange Strecke durch das Wattenmeer ist vor allem eine Spaßtour mit Gelegenheit zum Sammeln von Meerestieren wie Muscheln und Austern. Aber in spätestens 3 Stunden sollte man drüben sein. Auf der Inselseite treffen gegen Ende der Ebbe immer mehr Schaulustige ein, die gegen die Sonne blinzeln und die letzten Ankömmlinge beobachten, die durch knöchel- oder hüfttiefes Wasser waten. Allzu Wagemutige oder jene, die in Nebel geraten oder die Gezeitentabelle nicht richtig gelesen haben, finden im Notfall auf drei Rettungsplattformen und sechs hohen Stangen mit Kletterssprossen Zuflucht vor der Flut. Mehrere Stunden im Meer auf einem der lebensrettenden „Papageienmasten“, wie die Inselbewohner sie nennen, können jedoch sehr ungemütlich werden.

TIPP

Les Foulées du Gois, ein jährliches Wettrennen über die Passage, ist ein beliebtes Event.

Die Furt, einst bei Ebbe die einzige Verbindung zum Festland, wurde als Teil der Straße D948 Richtung Limoges asphaltiert und es gibt eine sichere 24-stündige Alternative nach Noirmoutier: die Brücke ab Fromentine (La Barre de Monts). Doch während des Aufstands der Vendée im 18. Jahrhundert bot die Passage du Gois Schutz vor den Royalisten, die wegen mangelnder Ortskenntnis mit der Flut zu kämpfen hatten. Gute Luft, Strände, Natur – heute ist Noirmoutier ein Urlauberliebling. Fischfang, Austernzucht und die früheste Kartoffelsorte Frankreichs – die Bonnote – bieten den Bewohnern Einkünfte. Und die Salzgärten der Insel sind für ihr Fleur de Sel berühmt.

● Passage du Gois, Île de Noirmoutier, www.ile-noirmoutier.com

Wassersport und Sardinen

80

Maritimes Flair in Saint-Gilles-Croix-de-Vie

Saint-Gilles-Croix-de-Vie südlich der Loire-Mündung in der Region Vendée ist das Tor zu 32 Kilometern Atlantikküste, ein Eldorado für Surfer, Kitesurfer, Strandsegler und alle Wassersportfans, vom Meerkajak bis zum Longe-Côte, dem hüft- bis schultertiefen Waten entlang der Küste gegen den Widerstand des Wassers.
Besonders gut kann man sich mit dem E-Bike oder im Stehen auf dem E-Roller den Küstenwind um die Nase wehen lassen. Kilometerweit am Wasser entlangfahren, durch die sanfte Dünenlandschaft oder durch die Salzwiesen, Marschen und Polder des Marais Breton Vendéen. In diesem Feuchtgebiet am Ozean wird Salz gewonnen. Der 70 Meter hohe Wasserturm Kulmino bietet einen tollen Panoramablick. An weidenden Rindern und Schafen vorbei geht es zum Ökomuseum Daviaud, in dem man Mäuschen spielen darf, wie die Bauern hier früher in den Salzsümpfen lebten.
Das sportliche Event des Jahres ist die Segelregatta Sardinha Cup. Ehrensache, die lokalen Sardinen mit dem Label Rouge sind in ganz Frankreich bekannt und die örtliche Sardinenfischerei gehört zum Immateriellen Weltkulturerbe. In Saint-Gilles Restaurants sind Sardinen ein Gedicht. Von April bis Oktober verkaufen die Fischer jeden Morgen frische Sardinen vom Boot – direkt vor der Criée, der Fischversteigerungshalle, in der ab 5 Uhr morgens versteigert wird. Noch rund 40 Fischerboote fahren aufs Meer. „Mit einer Sardinenbank und dem Golfstrom vor der Tür haben wir hier großes Glück. Seit Ende des 19. Jahrhunderts sind sie ein Pfeiler der lokalen Wirtschaft“, so Didier Blanconnier, Direktor der Criée. Rund 3000 Tonnen Sardinen werden pro Jahr gefischt. Drei Viertel erhält die Conserverie Gendreau zur Weiterverarbeitung, die letzte von 13 Sardinenfabriken, die noch in Betrieb ist. Ihre nostalgisch bunt gestylten Sardinendosen sind beliebte Mitbringsel aus dem Badeort. Am Ende der Sardinensaison im Oktober beginnt sofort die Saison der Crevette Rose. Dann kommen auch die begehrten Krabben täglich in die Versteigerungshalle.

TIPP

Im Museum Escale Pêche neben der Criée den Film schauen, an dem die örtlichen Fischer mitgewirkt haben.

- Criée, Quai Marcel Bernard, 85800 Saint-Gilles-Croix-de-Vie
- ÖPNV: Bf. Saint-Gilles, von dort 3 Minuten zu Fuß

BENETEAU

Bibliografische Informationen der Deutschen Nationalbibliothek
Die Deutsche Nationalbibliothek verzeichnet diese Publikation in der Deutschen Nationalbibliografie; detaillierte bibliografische Daten sind im Internet über http://dnb.d-nb.de abrufbar.

Konzeption/Satz: Droste Verlag, Düsseldorf
Einbandgestaltung und Illustrationen: Britta Rungwerth, Düsseldorf, unter Verwendung von Bildern von © Fotolia.com: jd - photodesign.de; © iStock: Plociennik Robert
Fotos: Petra Sparrer, außer: S. 85: Alain Laurioux, Cadre noir Ifce
Textlektorat: Annedore Fausak, Neuss

FSC www.fsc.org MIX Papier | Fördert gute Waldnutzung FSC® C011279

Druck und Bindung: LUC GmbH, Greven
ISBN 978-3-7700-2509-1

www.droste-verlag.de